国家出版基金项目
NATIONAL PUBLICATION FOUNDATION

"一带一路"沿线国家教育研究书系

王英杰 刘宝存 主编

「十四五」时期国家重点出版物出版专项规划项目

Türkiye

汤国忠

张楠

等

著

土耳其教育研究

广西教育出版社 南宁

图书在版编目（CIP）数据

土耳其教育研究 / 汤国忠等著 . -- 南宁：广西教育出版社，2023.3

（"一带一路"沿线国家教育研究书系 / 王英杰，刘宝存主编）

ISBN 978-7-5435-9287-2

Ⅰ . ①土… Ⅱ . ①汤… Ⅲ . ①教育研究 - 土耳其

Ⅳ . ① G537.4

中国国家版本馆 CIP 数据核字 （2023）第 074229 号

土耳其教育研究

TUERQI JIAOYU YANJIU

策　　划：廖民锂
责任编辑：农　郁
责任校对：卢佳慧　卢　秋
装帧设计：李浩丽
责任技编：蒋　媛

出 版 人：石立民
出版发行：广西教育出版社
地　　址：广西南宁市鲤湾路 8 号　邮政编码：530022
电　　话：0771-5865797
本社网址：http://www.gxeph.com
电子信箱：gxeph@vip.163.com
印　　刷：广西民族印刷包装集团有限公司
开　　本：787mm×1092mm　1/16
印　　张：11.75
字　　数：191 千字
版　　次：2023 年 3 月第 1 版
印　　次：2023 年 3 月第 1 次印刷
书　　号：ISBN 978-7-5435-9287-2
定　　价：38.00 元

序

2013 年，习近平总书记提出共建"丝绸之路经济带"和"21 世纪海上丝绸之路"的重大倡议（以下简称"一带一路"倡议）。2015 年 3 月 28 日，我国政府正式发布《推动共建丝绸之路经济带和 21 世纪海上丝绸之路的愿景与行动》。建设"丝绸之路经济带"和"21 世纪海上丝绸之路"（以下简称"一带一路"），是党中央、国务院主动应对全球形势深刻变化、统筹国内国际两个大局做出的重大战略决策。"一带一路"建设秉持和平合作、开放包容、互学互鉴、互利共赢的理念，全方位推进与沿线国家的务实合作与交流，打造政治互信、经济融合、文化包容的利益共同体、命运共同体和责任共同体，促进沿线国家经济繁荣发展，加强文明交流共享，促进世界和平发展，全面推动人类命运共同体建设。

"一带一路"贯穿亚欧非大陆，沿线各国资源禀赋各异，经济互补性较强，彼此合作的潜力和空间很大，合作的主要内容是实现沿线各国之间的政策沟通、设施联通、贸易畅通、资金融通、民心相通（以下简称"五通"）。在推进"一带一路"建设和促进人类命运共同体建设的进程中，教育有着举足轻重的地位，承担着独特的使命，发挥着基础性、支撑性、引领性的作用。所谓基础性作用，主要是指教育是"五通"的基础，特别是民心相通的基础。沿线国家历史文化不同，宗教信仰各异，政治体制多样，地缘政治复杂，经济发展水平不一。因此，"五通"首先要民心相通。要实现民心相通，主要是通过教育，促进"一带一路"沿线国家人民的相互了解、相互理解、相互信任、相互尊重，增进彼此间的友谊。所谓支撑性作用，主要是指教育特别是高等教育具有人才培养、科学研究、社会服务、文化交流等多种职能，可以通过其知识优势、智力优势、人才优势为"一带一路"倡议提供全方位的支持，为探索和建设新的国际合作以及全球治理新模式贡献宝贵智慧。所谓引领性作用，则是指教育不但要与"五通"的方向和要求相一致，而且必须优先发展，为其他方面的发展奠定坚实的基础。

因此，2016年，教育部牵头制订了《推进共建"一带一路"教育行动》，通过积极推动教育互联互通、人才培养培训合作和共建丝路合作机制，对接"一带一路"沿线各国意愿，互鉴先进教育经验，共享优质教育资源，聚力构建"一带一路"教育共同体，形成平等、包容、互惠、活跃的教育合作态势，促进区域教育发展，全面支撑共建"一带一路"。"一带一路"教育共同体建设，要求加强对"一带一路"国家和区域的教育体系的研究，实现我国与沿线国家教育发展的战略对接、制度联通和政策沟通，实现区域教育治理理论的突围及重建，构建兼顾统一性与差异性的区域教育合作框架，构建科学的教育合作和交流机制，并在教育体系方面做出相应的制度安排及调整。"一带一路"沿线地域广袤，除了中国，还涉及东亚、东南亚、南亚、西亚、中东欧、中亚等地区的国家，这些国家在政治制度、经济发展、文化传统等方面都存在较大差异，因此也导致教育体系上有很大差异。我国在制定相应教育合作政策时不可能采取"一刀切"的粗放式做法，必须根据各个国家教育体系的实际情况采取差异化政策，有效实现与"一带一路"沿线国家的教育战略对接、制度联通、政策沟通。然而，客观地讲，我们对"一带一路"沿线国家的教育发展情况了解不多。传统上，由于改革开放后我国教育制度重建和经验借鉴的需要，以国外教育为主要研究对象的比较教育学科长期聚焦美国、英国、法国、德国、俄罗斯／苏联、日本等少数几个国家，即使是在20世纪90年代以后逐渐扩大研究对象国，澳大利亚、加拿大、新加坡、韩国、印度、芬兰、瑞典、挪威、西班牙、荷兰、南非、巴西等国相继被纳入研究范围，关于大多数"一带一路"沿线国家教育的研究仍然处于简单介绍的阶段，对于不少国家的研究仍然处于空白状态，严重影响了我国与"一带一路"沿线国家的教育合作与交流，影响了"一带一路"教育共同体的建设。

正是在这样的大背景下，我们申报了教育部哲学社会科学研究重大课题攻关项目"'一带一路'国家与区域教育体系研究"并成功获批。该课题是一项关于"一带一路"国家与区域教育体系的综合性研究，根据课题设计，研究内容虽然也包括关于"一带一路"国家与区域教育体系的基本理论，但是重点在于对东亚、东南亚、南亚、西亚、中东欧、中亚等地区的国家和区域教育体系的研究，了解不同国家的教育文化传统、现行学制和教育行政管理制度、最新教育政策、教育合作及交流政策与需求，弄清区域组织的教育政策及其对各国教育体系影响的途径与机制、区域内主要国家对区域教育政策及其他国家教育体系影响的途径与机制以及不同区域教育体系的基本特征。在国别与区域研究的基础上，课题进行"一带一路"国家与区域教育体系的比较研究，分析"一带一路"国家和区域教育文化传统、教育制度、教育政策、教育发展水平的共同性与差异性，弄清"一带一路"国家和区域教育体系的共同性与差异性的影响因素。在比较研究的基础上，课题再聚焦"一带一路"教育共同体建设的理论构建与战略选择，讨论"一带一路"教育共同体建设的理论突围，区域和全球教育治理理论模型构建，兼顾统一性与差异性的教育合作框架构建，我国与"一带一路"沿线国家的教育战略对接、制度联通和政策沟通，面向"一带一路"共同体建设的教育合作和交流机制构建，我国在教育体系上的制度安排与调整等政策性问题。

该课题的研究工作得到广西教育出版社的大力支持。广西教育出版社出于出版人的社会责任感和使命感，与我们联合策划了"'一带一路'沿线国家教育研究书系"，选择 28 个"一带一路"沿线国家开展系统研究，每个国家独立成册，分辑出版。为了全面反映"一带一路"沿线国家教育的全貌，并体现丛书的特征，我们统一了每册的篇章结构，使之分别包括研究对象国教育的社会文化基础、历史发展、基本制度与政策、学前教育、基础教育、高等教育、职业教育、教师教育以及教育改革走向。在统一要求的同时，各册可以根据研究对象国教育的实际情况，适度调整研究内容，使之反映研究对象国教育的特殊性。

"'一带一路'沿线国家教育研究书系"涉及国家较多，既有研究相对薄弱，在语言、资料获取等方面也困难重重。我们有幸获得一批志同道合者的大力支持，他们来自国内外不同的高等院校和研究机构，在百忙之中承担了各册的撰写任务，使得丛书得以顺利完成，在此我们谨向各册作者表示崇高的敬意和衷心的感谢！

"'一带一路'沿线国家教育研究书系"的出版，只是我们"一带一路"国家和区域教育体系研究的阶段性成果，粗陋之处在所难免，且各对象国研究基础存在差异，各册的研究深度也难免有一定差距，希望得到各位专家学者的批评指正。我们也衷心希望在"一带一路"教育领域涌现更多、更高水平的研究成果，为"一带一路"倡议的实施和"一带一路"教育共同体的建设提供有力的支撑，为教育学科特别是比较教育学科的繁荣发展赋能。

王英杰　刘宝存
于北京师范大学
2022 年 2 月

前　言

　　土耳其是一个横跨欧亚大陆的国家，具有悠久的历史。21 世纪以来，土耳其除了着力发展经济，土耳其教育现代化也获得了很大的进步。2011年，执政的正义与发展党政府提出了"2023 年百年愿景"。在这个愿景提出的框架下，土耳其分别从教育管理、教育体系、教育财政、教育指导、教育评价等方面提出了教育发展的具体目标。

　　我国对土耳其的教育研究起步较晚。国内目前还没有一本全方位论述土耳其教育（包括奥斯曼帝国时期的教育）的专著，但见诸研究刊物的学术文章和作为硕士、博士论文被收录在知网的作品还是为数不少。如姚运标的《杜威与土耳其的教育改革》、任婷婷和蒋苑昕合著的《世俗化改革与土耳其宗教教育的发展》、韩智敏的《土耳其教育行政体制探析》、郝国伟的《博洛尼亚进程下的土耳其高等教育改革》、侯苗苗的《土耳其教育现代化研究》、刘军和王亚克合著的《土耳其教育体制与汉语国际教育研究》、彭晓帆的《21 世纪以来土耳其高等教育国际化政策研究》等作品。总的来说，国内的土耳其教育研究虽然也涉及了教育体系的大部分细分领域，但是缺乏系统的研究。

　　教育是国家的根本之一，它的发展受到社会、历史、文化和宗教的多种影响，同时对社会发展产生反作用。本书共分九章，对土耳其教育进行全方位解读，介绍了土耳其教育发展的脉络、各阶段采取的具体政策和取得的进步。

　　本书第一章从历史、社会、文化等方面介绍了土耳其教育的基础和土壤；第二章分四个阶段讲述了土耳其教育的历史沿革；第三章主要介绍土耳其的基本教育制度与政策，因为制度与政策是体现和影响教育发展的重要因素；第四到第八章按照教育的各个阶段划分，从培养目标与实施机构、课程与教学、保障体系等层面依次剖析了土耳其学前教育、基础教育、高等教育、职业教育和教师教育的情况；第九章重点介绍了土耳其对教育领域实施的改革措施，以及体现教育改革方向的"2023年百年愿景"。

本书的编写由多位作者合力完成，其中第一、第二章由汤国忠撰写，第三章由张楠和土耳其安卡拉大学教师Ayşe Gül Fidan博士共同撰写，第四、第五章由张楠撰写，第六章由毕雪梅撰写，第七章由赵天琪撰写，第八章由赵雨彤撰写，第九章由曹欣茹撰写，最后由汤国忠负责统稿。由于时间仓促及水平有限，本书难免有错漏之处，恳请广大读者批评指正。在此感谢张楠协助统稿，并感谢为这本书付出努力和提供支持的所有作者、师友。

汤国忠

2022年3月

目 录

第八章　土耳其教师教育　129

第九章　土耳其的教育改革　149

第一章 土耳其教育的社会文化基础

文化与文明既相互区别又密切联系。文化是文明的灵魂与内核，文明是文化外显的载体。文化进步的程度越高，社会文明发展的水平也就越高，反过来社会文明也就成为文化进步的衡量标志。文化传承对于一个国家、一个民族的行为意识和社会制度都有巨大的影响，而文明的进步更是对人类社会发展具有决定性意义。可以说，社会发展就是文化与文明两股力量相互作用的结果。教育是文化发展的产物，也是传承文化的工具。土耳其教育的发展与社会及文化的发展息息相关，基本反映了土耳其历史发展的特点。

第一节　土耳其教育的历史基础

塞尔柱帝国是 11 世纪中亚塞尔柱人建立的国家。塞尔柱帝国在文化和语言上表现为高度波斯化。塞尔柱帝国极盛时期，苏丹苏莱曼在小亚细亚建立了罗姆苏丹国。13 世纪末，罗姆苏丹国分裂成多个诸侯国，其中一个小国不断向外扩张势力，于 1299 年由奥斯曼一世建立了奥斯曼帝国。

1326 年，奥斯曼之子奥尔汗继位后，改称总督，建立了常备军，吞并了原罗姆苏丹国的大部分地区。1331 年，奥斯曼军队打败了拜占庭帝国军队，占领了拜占庭帝国的尼西亚城。1337 年，攻陷尼科米底亚。1338 年，又占领了斯库塔里。1354 年，奥尔汗率军渡过达达尼尔海峡，占领了加利波利半岛，并把这里作为进攻巴尔干半岛的桥头堡。奥尔汗对内确立国家行政组织，中央设立迪万（国家最高议事机构），任命维齐尔（即大臣），向各地派行政军事长官，铸造统一钱币。

1360 年，奥斯曼苏丹穆拉德一世继位后，帝国向东南欧的扩张取得决定性进展。1362 年，他发动大规模军事进攻，占领拜占庭帝国重镇亚得里亚堡。此后又征服西色雷斯、马其顿、索菲亚和整个希腊北部，迫使保加利亚和塞尔维亚统治者称臣纳贡。1389 年，他在科索沃战役中大败塞尔维亚、波斯尼亚、保加利亚等国联军。

1402 年，在安哥拉战役中，奥斯曼军惨败于帖木儿军，苏丹巴耶塞特被俘。之后由于巴耶塞特的几个儿子之间开始了争夺王位的战争，被奥斯曼土耳其人统治的殖民地纷纷起义，脱离奥斯曼帝国的统治。后来继承王位的穆罕默德一世结束了分裂局面，收复了被帖木儿帝国占领的领土。1444 年，穆拉德二世确立了在欧洲、亚洲所辖地区的统治。

1453 年，穆罕默德二世率军进攻拜占庭帝国首都君士坦丁堡，拜占庭帝国灭亡。随后，穆罕默德二世宣布迁都于君士坦丁堡。接下来奥斯曼帝国进入了漫长的扩张期，疆域扩至欧洲及北非。由于奥斯曼帝国掌控了欧亚之间主要的陆路和海路贸易路线，帝国的财政收入多元化，经济因而蓬勃发展。

16世纪，苏莱曼一世在位之时，他将帝国的领土大幅扩张，也将奥斯曼带入了全盛时期。苏莱曼一世逝世后，奥斯曼的领土扩张逐渐放缓。1683年的维也纳之战中，奥斯曼军队被波兰及奥地利联军击败，奥斯曼帝国在欧洲的扩张就此终止。

1876年奥斯曼颁布宪法，这是奥斯曼帝国的第一次立宪运动。同年，继位的阿卜杜勒·哈米德二世宣布实行君主立宪制。然而，宪政下的议会运行了几年就被君主解散，停止实施宪法，恢复君主专制统治。第一次立宪运动以失败告终。

1908年，苏丹哈米德二世宣布复行1876年宪法、恢复议会后，奥斯曼帝国踏入二次立宪时期。1914年奥斯曼帝国加入了第一次世界大战的同盟国阵营，最终遭到了惨败。1920年，奥斯曼帝国签订了《色佛尔条约》，这个条约导致了奥斯曼帝国的分裂。

为了阻止协约国的进一步瓜分，穆斯塔法·凯末尔领导土耳其人民发起了土耳其独立战争并最终获胜。1922年11月1日，封建统治制度被废除，末代苏丹穆罕默德六世流亡。奥斯曼帝国至此灭亡。

1923年7月24日，土耳其政府和协约国签订了《洛桑条约》，废除了奥斯曼帝国签署的《色佛尔条约》。1923年10月29日，土耳其共和国成立，内陆城市安卡拉被定为首都。穆斯塔法·凯末尔成为新建立的土耳其共和国的总统。

1950年，民主党上台执政。因政策越来越专制，1960年，军方发动政变，接管政权，但军队管制只持续了很短的时间。

20世纪中叶，各种各样的政党在土耳其建立起来。1971年，军队再次干预，暂时结束了土耳其的混乱状态，但很快在1973年底还政于民。

1980年，土耳其军队宣布接管政府，在全国实行军事管制，指导社会秩序。1983年军队还政于民。土耳其祖国党领袖图尔古特·厄扎尔赢得了大多数选票，组织内阁并出任总理。厄扎尔推行了一系列重要的现代化经济和法律改革，使土耳其融入国际社会中，并为后来土耳其的迅速发展播下种子，成功地将土耳其带回发展的正轨上。

20 世纪 90 年代，宗教政党繁荣党上台，成立了以内吉梅丁·埃尔巴坎为首的政府。1997 年，国家安全委员会宣布繁荣党蔑视宪法，让宗教介入政治。埃尔巴坎被迫辞职，繁荣党被取缔。

2002 年，正义与发展党压倒性赢得大选，组建了多数党政府。2007 年议会选举中，埃尔多安成功连任。2011 年的议会选举中，埃尔多安政府第三次执政。2014 年，埃尔多安当选总统。2017 年，土耳其通过改行总统制的修宪公投。

第二节　土耳其教育的社会基础

土耳其共和国是一个横跨欧亚两洲的国家，国土包括小亚细亚地区和欧洲巴尔干半岛东南地区。其国土类似长方形，东部与格鲁吉亚、亚美尼亚、阿塞拜疆和伊朗接壤；南临地中海，东南与叙利亚、伊拉克接壤；西临爱琴海，与希腊有海上和陆上边界，西北与保加利亚接壤；北临黑海，与乌克兰隔海相望。土耳其国土面积约 78.36 万平方公里，海岸线长 7 200 公里，陆地边境线长 2 648 公里。土耳其的首都是位于安纳托利亚高原中部的安卡拉。土耳其是连接欧亚的十字路口，其地理位置和地缘政治的战略意义极为重要。

一、土耳其的自然状况

土耳其的国土主要位于小亚细亚地区。土耳其地形复杂，以平原、山地、高原地形为主。这里是世界上植物资源最丰富的地区之一。

土耳其的气候变化很大。一般来说，土耳其的夏季长，气温高，降雨少；冬季寒冷，寒流带来了降雪和冷雨。气候类型多样使得土耳其的农作物品种极为丰富。这里是世界上烟草、葡萄干主要的产地之一。

土耳其自然资源丰富。就储量而言，土耳其可谓是全球领先的矿产储量大国之一，拥有丰富的硼、铜、铁、铝矾土、天然碱、大理石、长石、石灰岩、浮石、珍珠岩和方解石等矿产资源，其中三氧化二硼和铬矿储量均居世界前列。森林面积广大，湖泊盛产鱼和盐。安纳托利亚高原还有广阔的牧场。水力资源亦较丰富，在主要河流的上游和峡谷上都建有水电站。

二、土耳其的民族、人口与行政区划

据统计，截至 2021 年 12 月，土耳其人口约为 8 468 万，土耳其族占 80% 以上，库尔德族约占 15%。土耳其语为官方语言。约 99% 的居民信奉伊斯兰教，其中大多数属逊尼派，少数为什叶派；还有一些人信仰基督教和犹太教。

土耳其行政区划等级为省、县、乡、村。全国共分为 81 个省，约 600 个县、3.6 万个乡村。

三、土耳其的政治体制

土耳其现行宪法于 1982 年 11 月 7 日通过并生效，是土耳其共和国第三部宪法。宪法规定：土耳其为民族、民主、政教分离和实行法制的国家。大国民议会为最高立法机构。实行普遍直接选举，18 岁及以上公民享有选举权。只有超过全国选票 10% 的政党才可拥有议会席位。[①]

2018 年，土耳其成立总统制改革后的首任政府。该政府设有外交部、内政部、司法部、国防部、教育部等部门。

在政党方面，目前土耳其的执政党为正义与发展党。该党成立于 2001 年，于 2002 年的土耳其议会选举胜出后开始执政，此后又赢得 2007 年和 2011 年的议会选举。主要在野党为共和人民党。该党于 1923 年 9 月成立，是土耳其历史最悠久的政党。其他主要政党还有民族行动党、美好党等。

四、土耳其的经济发展

（一）经济概况

20 世纪 80 年代土耳其实行对外开放政策以来，经济实现跨越式发展，由经济基础较为薄弱的传统农业国向现代化的工业国快速转变。自 2002 年正义与发展党执政以来，土耳其加大基础设施建设投入，不断改善投资环

---

① 张丽君.土耳其经济［M］.北京：中国经济出版社，2016：16.

境以吸引外资，大力发展对外贸易，经济建设取得较大成就，形成了以现代化服务业为主，工业、农业为辅的新一代产业结构。土耳其是继中国、俄罗斯、印度、巴西和南非等"金砖国家"之后又一蓬勃发展的新兴经济体，在国际社会享有"新钻国家"的美誉，同时也是二十国集团的成员国。

（二）旅游业发展

土耳其以美丽的自然资源而闻名：爱琴海和地中海沿岸碧绿的水域、卡帕多西亚由火山熔岩形成的仙境般的地貌、黑海山脉的野花和云雾缭绕的森林等。土耳其还有很多宗教遗址，有基督教圣母玛利亚故居，有圣索菲亚大教堂，还有众多古罗马时期的神殿遗址和伊斯兰教清真寺等。迷人的自然风光、丰富的文物古迹使土耳其享有"旅游天堂"之美誉。

土耳其是世界最受欢迎的旅游胜地之一，旅游业是土耳其外汇收入的重要来源。凭借优越的地理位置、现有潜在大项目和相关政策扶持，土耳其的旅游业以超出其接待能力的速度增长，增长速度已超过全球平均水平。

土耳其的交通系统充分利用了其高度发达的基础设施。从伊斯坦布尔出发的铁路和公路可以轻松到达欧洲主要城市。土耳其的内陆空运也很发达，人们往来内陆的城市可以乘坐飞机。广泛的高速公路网络使得城市之间的交通十分便利。随着安卡拉—伊斯坦布尔高铁线路投入运营，土耳其也将发展高铁作为升级交通设施的方向之一。作为亚欧交接处的核心城市伊斯坦布尔，其2018年开始运营的伊斯坦布尔机场目前是全世界最繁忙的机场之一。

（三）农业发展

土耳其的土壤肥沃，气候宜人。土耳其的大部分地区都进行农业耕作，但东部山区以畜牧业为主。

土耳其大部分可耕地用来种植粮食作物。土耳其是全球重要的烟草、棉花、无花果和葡萄生产地，棉花和烟草等经济作物是重要的出口商品，同时土耳其也大量生产和出口茶叶。

（四）工业发展

土耳其工业基础比较扎实，主要有食品加工、纺织、汽车、采矿、钢铁、石油、建筑、木材和造纸等产业。主要的工业产品有钢铁、水泥、机电产品和汽车等。土耳其已成为中东地区主要的钢铁生产国，其工程机械工业也发展迅速。

土耳其有一个规模大且持续成长的汽车工业，汽车工业已经成为土耳其经济重要的一环。国内拥有的许多汽车及零件公司，使土耳其在全球汽车制造分工链中扮演重要角色。

随着国民经济的快速发展，土耳其对外贸易总值和数量不断增加。主要进口商品为原油、天然气、化工产品、机械设备、钢铁等，主要出口产品是农产品、食品、纺织品、服装、金属产品、车辆及零配件等。近年来，土耳其的钢铁、汽车、家电及机械产品等逐步进入国际市场。

五、土耳其教育的宗教基础

土耳其的宗教以伊斯兰教为主，大多数公民都信奉伊斯兰教，其中大多数属于逊尼派，少数为什叶派。

至今，土耳其全国仍有数千个历史悠久的清真寺。著名的清真寺包括伊斯坦布尔的蓝色清真寺和苏莱曼尼耶清真寺、埃迪尔内的塞利米耶清真寺、布尔萨的绿色清真寺、安卡拉的科札德佩清真寺和阿达纳的萨班哲中央清真寺。

土耳其共和国成立后，进行了一系列社会改革，其中涉及宗教教育方面的改革主要有：取消以教授宗教神学课程为主要内容的旧教育制度，代之以现代化的教育制度；关闭各级宗教学校，废止各级普通学校开设的宗教课程；进行文字改革，用拉丁字母代替阿拉伯字母。

随着1924年《教育统一法》的通过，新政府停办独立的宗教性学校和学院，实行单一的世俗教育，教育完全归国家教育部主管。此外，法令还规定建立共和国自己的教育体系的原则，废除了国内少数民族教育、教会教育、外国教育这一多元教育体制，也废除了"麦德来赛"这一具有悠久历史的伊斯兰高等教育形式。不过，法律还规定，在废除旧的伊斯兰教育体制的同时，按照穆斯林宗教生活的实际需要，根据培养开明伊玛目（主持穆斯林日常宗教和世俗生活的教长）、哈提甫（讲道员）及其他宗教人士的原则，将设立高等神学院和中等伊玛目–哈提甫学校这两种宗教教育形式。①

20 世纪 50 年代以来，随着世界伊斯兰复兴运动的兴起和土耳其的几次政府更迭，土耳其宗教政策也有了大的调整。各级普通学校恢复了宗教课程，各级伊斯兰学校开始复办，教职人员得到培养。政府也开始拨款修复伊斯兰教建筑古迹和兴建清真寺。

综上所述，土耳其宗教基础广泛，伊斯兰文化特点鲜明，大多数的土耳其人信奉宗教，因此土耳其的教育与宗教一直处于相互影响的状态，宗教教育也始终存在于土耳其的社会生活和教育环境中。宗教教育对土耳其现代教育的影响是值得关注的一个重要话题。

第三节　土耳其教育的文化基础

一、土耳其的语言与文字

土耳其官方语言是土耳其语，土耳其语的前身是融合了阿拉伯语和波斯语的奥斯曼土耳其语。1923 年土耳其共和国建立后，凯末尔推动语言改革，现代土耳其语改用 29 个拉丁字母并沿用至今。

除土耳其语外，土耳其人还使用库尔德语、扎扎其语、阿塞拜疆语、卡巴尔达语等非官方语言。

二、土耳其的文学与艺术

土耳其是一个横跨欧亚大陆的国家，被称为"文明的摇篮"。土耳其是拜占庭帝国、奥斯曼帝国的中心，有着悠久的历史和多个不同文明的历史文化遗产。土耳其地跨两大洲，兼有多个文明遗存的独特风情，城市风貌体现了东方和西方、现代与传统的完美融合。

（一）土耳其文学的发展

奥斯曼时期，诗歌是主要的文学体裁，主要采用安纳托利亚方言或奥

---

① 任婷婷，蒋苑昕．世俗化改革与土耳其宗教教育的发展［J］．世界历史，2012（5）：37-47，158.

斯曼土耳其语进行写作。奥斯曼宫廷文学深受波斯文化影响。与烦琐的宫廷文学不同，土耳其的行吟诗人创作的民间文学以简单的语言来赞美自然、爱情和真主。进入 20 世纪，土耳其文学语言趋于简化，题材则更多偏重政治和社会民生。

（二）土耳其艺术的发展

土耳其古典音乐和土耳其民间音乐是土耳其作曲家灵感的源泉。古典音乐包括宫廷艺术音乐、苏菲宗教音乐等。民间音乐继承了中亚游牧民族和安纳托利亚地区各原住民族的传统，也受到阿拉伯、波斯文化的影响，因此土耳其民间音乐有丰富多彩的地方特色。

土耳其还有众多独具特色的传统工艺，如编织地毯、瓷砖艺术、制铜技术、湿拓画艺术、玻璃工艺、木制工艺等。

三、土耳其的民间风俗

土耳其的传统节日有新年（1 月 1 日）、国家主权和儿童日（4 月 23 日）、劳动和团结日（5 月 1 日）、青年和体育节（5 月 19 日）、穆斯林斋月节（伊斯兰历的 9 月）、战胜纪念日 / 胜利日（8 月 30 日）、共和国成立日（10 月 29 日）等。

土耳其美食不但有源自中亚和中东阿拉伯的食品风味，还充分融合了欧洲东南部和地中海沿岸国家的饮食特色。除了形式多样的肉类食品，各种海鲜鱼类也是常见的食材，烹调方式多以烧烤为主。在土耳其饮食文化中，占有独特地位的还有咖啡和红茶。

第二章　土耳其教育的历史发展

土耳其教育的历史发展进程主要分四个阶段：第一阶段是1789—1839 年的改革初期阶段；第二阶段是 1839—1876 年的发展阶段，即坦齐马特时代；第三阶段是 1876—1922 年的改革后期阶段；第四阶段是 1923 年至今的共和国阶段。这四个阶段各有其特征，发展变化的是政治、社会环境，不变的是土耳其的伊斯兰文化基础。土耳其的教育现代化改革始于奥斯曼帝国塞利姆三世执政时期，但这一改革局限于军事领域，而且不久后失败。坦齐马特时代的奥斯曼帝国延续了之前的改革方向，开始努力向欧洲学习，成立了专门的教育管理机构，同时大量开设各级学校，培养了大量掌握西方科技和思想的新型人才，土耳其的世俗化教育得到很大发展，但并没有完全摒弃伊斯兰教育。奥斯曼帝国后期，由于内忧外患，受过现代化教育的一部分军官和学生形成了青年土耳其党人群体。这一群体代表土耳其新兴的资产阶级，反对苏丹的专制统治，试图对帝国的教育等层面进行根本性的改革。这一时期，教育的现代化得到进一步发展。共和国初期的改革由凯末尔主导，其中教育改革得到了充分的重视。这次改革中具有划时代意义的举措是大国民议会宣布所有教育教学及研究机构都统一由国家教育部管理。之后，土耳其教育的现代化在阻力中前行，由于数十年的政局动荡，土耳其教育方面的进展也乏善可陈。直到 20 世纪 90 年代起，随着政治、经济逐步回归正轨，土耳其的教育政策发生了积极的变化，教育取得了更大的进步。

第一节　教育现代化萌芽（1789—1839 年）

奥斯曼帝国的统治建立在伊斯兰教宗教基础上，因此伊斯兰教义和土耳其民族的文化传统构成了其教育体制的哲学基础和指导思想，其教育理念也深受伊斯兰教学者和体制的影响。奥斯曼帝国时期的学校除了宫廷学校和个别大学，授课内容以宗教教育为主。普通的宗教学校称为"马克塔布"，这是初级的诵经学校。高等学校名为"麦德来赛"，学员主要学习《古兰经》注释学、圣训学、教法学、教义学等。[①] 而奥斯曼帝国的宫廷学校基于学生的身体和智力标准进行招生，不以血统或财富作为入学的衡量条件。奥斯曼帝国并没有普及教育，也没有现代化的教育，教育局限在一定范围内，教育的主要目的是个体的社会化，同时教育也是职业分配的依据。

1789 年，塞利姆三世继位，他被公认为是奥斯曼帝国现代化改革的开创者。面对帝国内部保守腐败的利益集团，他坚持改革军队，组建了一支新式军团，用西方的军事技术和军事训练方式来提高奥斯曼军队的战斗力。虽然这是一次军事改革，但间接迈出了奥斯曼帝国教育现代化改革的第一步。

塞利姆三世为了训练新式军队，聘请法国军官来担任学校的教师，建立了几所侧重科技的陆军、海军学校。为了让士兵们看懂法国军事书籍，学校里还教授法语。据记载，当时每所学校都有一个藏有 4 000 多册欧洲书籍的图书馆。[②] 他还鼓励创设民办学校，提倡发展出版印刷事业。因此，这一阶段可以视为奥斯曼帝国教育现代化的萌芽期。

---

① 任婷婷，蒋苑昕 . 世俗化改革与土耳其宗教教育的发展［J］. 世界历史，2012（5）：37-47，158.

② 彭树智，黄维民 . 中东国家通史　土耳其卷［M］. 北京：商务印书馆，2002：123.

　　遗憾的是，一直反对改革的保守势力暗中策划并发动了叛乱，以引起叛乱为由解散了新式军团，废黜了塞利姆三世。塞利姆三世倡导的改革虽然未能从根本上对旧制度有所革新，但还是为后来奥斯曼帝国的教育改革打下了基础。

　　马哈茂德二世[①]继位后，积极推行军事和社会改革，建立了欧式新军，加强帝国力量。由于新军的军官普遍缺乏先进的科学和军事知识，马哈茂德二世从长远考虑，向欧洲各国派遣奥斯曼帝国陆军和海军的年轻军官去留学。这些军官在欧洲留学期间不但学到了当时先进的科学技术，还深入当地社会，了解了西方的法律、文化和思想。

　　马哈茂德二世不但对奥斯曼帝国的军事改革倾注心血，对国民教育改革也极其重视。他毅然决定开设传授西方近代知识和世俗学科的新式学校。于是，并行于宗教教育的世俗教育体系就这样建立起来了。在新开设的各类军事以及初等、中等院校里面，学生可以学习军事、工程、医学、外语等课程。奥斯曼帝国模仿法国建立了军事医学院和军事科学院。此外，奥斯曼帝国还设立了外交机构和翻译局，为当时学习外语的学生提供更多锻炼语言和接触欧洲的机会。同时，这些学校还提倡用土耳其语进行科学课等非宗教课的教学。然而，在当时政教合一的体制下，即使是在新开设的学校里面，宗教课程依然是主要课程。

　　纵观马哈茂德二世的教育改革，它在一定程度上加强了中央集权，为奥斯曼帝国培养了一批掌握西方技术、了解西方思想的紧缺人才。宗教、世俗二元制教育体系的创立，成功地在由乌里玛阶层掌控的、以宗教教育为主体的教育领域中开辟了新的天地。但是限于当时的政治和经济条件，马哈茂德二世所实行的改革只能是在维持原有体系基础上采取的渐进式改革，而不是对民众教育和世俗化的根本性改革。即便如此，这一改革还是动摇了宗教势力的基础。新的社会力量通过西方现代化的教育得到了培植，教育改革的趋势已经不可阻挡了。

---

① 奥斯曼帝国的第三十任苏丹，被称为奥斯曼改革的始祖，有开明专制君主之称。

第二节　坦齐马特改革（1839—1876 年）

1839 年马哈茂德二世逝世后，其子阿卜杜勒·迈吉德登基。阿卜杜勒·迈吉德为了从欧洲各国获得外交和经济支持，制定了显示奥斯曼帝国进步开明的改革政策《花厅御诏》。这就是坦齐马特时代的开始。坦齐马特意为"改革、整顿"，这次改革涉及帝国的法律、行政、外交以及教育等方方面面。

坦齐马特改革是马哈茂德二世改革的延续，是奥斯曼帝国后期现代化与西方化过程中一项极富成果的举措。它的主要特点是完善了帝国政府的分工，提高了治理效率，同时依托法律和教育改革在伊斯兰教育体系之外建立了与之并行的世俗化教育体系。

坦齐马特改革从帝国颁布了一部新刑法开始。在这部法律里面明确规定法律面前所有臣民都是平等的。这一条文具有浓厚的西方法制色彩，虽然法律的框架依旧受制于伊斯兰教法，但承认平等已经是一大进步。这也成为教育改革的法律依据。

奥斯曼帝国的教育改革某种程度上也受到了西方列强的推动。一个面临诸多挑战的帝国必须接受新的思想和发展的建议。阿卜杜勒·迈吉德任命精通司法、军事等领域的人士组成教育改革委员会。他指出，通过教育传播宗教知识和实用的科学，目的是消除人民的愚昧。该委员会草拟的报告中也提出，民众首先要学习自己信仰的宗教，受教育的人则要具备自主学习科学技术的能力。该报告还提议建立初等、中等学校制度。[①]

教育改革委员会经过对基层学校情况的综合调查，于 1846 年提出了教育改革方案，要求建立从小学到大学的现代教育体制，建立初等及中等学校教育制度，成立永久性的公共教育会议等。1869 年，新教育法的颁布为奥斯曼帝国各个地区的孩子提供了就学机会，法律规定 500 人以上的村镇必须设立一所初等学校，1 000 人以上的市镇必须设立一所中等学校，每个

---

① 王莉.奥斯曼帝国后期教育改革的历史考察（1789—1922）［D］.兰州：西北师范大学，2009：19-20.

省都要建立一所高等学校，并且这些学校的经费纳入国家财政预算。①

法律还规定，7 岁以上儿童必须接受为期四年的初等义务教育。同时规定国家加强对传统学校的管理并将它们纳入各地教育委员会的权力范围。到 1867 年为止，帝国在原有的宗教学校马克塔布和麦德来赛之外建立了 11 008 所初等学校，在校学生达到了 34 万人。在坦齐马特时代，奥斯曼帝国还未建立完全的世俗初等教育体系，但是改革家们为了给世俗中高等教育奠定基础，对马克塔布初等教育进行改良，使之逐渐变为符合新的教育体系要求的初等教育学校。

高等教育改革的步伐要比初等教育迈得更快。19 世纪中叶，开始出现世俗的官办公立学校与由伊斯兰宗教基金支持的麦德来赛分庭抗礼的局面。这类官办学校既有军事专业的学校，也有医学和工程专业的学校，甚至还包括一所法学专业的学校。如 1859 年帝国建立了一所文职官员进修学校，要求入学的官员在那里学习公共事务和国际政治。这所文官学校实际上就是今日土耳其安卡拉政治学院的前身。土耳其青年的第一个革命组织产生于医学院，大多数"青年土耳其党"积极分子是医生。19 世纪中叶的教育改革运动和教育世俗化的发展，促进了麦德来赛伊斯兰学校（中学和大学）体制的改革。19 世纪 80 年代出现的一类私立学校便成为麦德来赛教育改革的雏形，这类学校的根本特征是将现代科学与伊斯兰教知识融为一体。②

19 世纪下半叶，奥斯曼帝国的教育体系形成了一种多元化的格局：官办专科学校、普通公立中小学、麦德来赛和私立学校共存。在此期间，帝国继续开设了百余所高等中学，在这些学校里面教授法语。此外，还开设了很多专科学校，如法律、地理、艺术、森林、商务、矿产、牙医学、电报、警察等专科学校，甚至还有孤儿学校和聋哑人学校。同时，还成立翻译部门，专门负责翻译国外的科学教材。此外，还建立了第一个公共图书馆和第一所女子师范学校。综观奥斯曼帝国在坦齐马特时期实行的教育改革及其成果，尽管仍有诸多问题没有解决，但其世俗化教育改革获得了较大的

① 彭树智，黄维民 . 中东国家通史 土耳其卷［M］. 北京：商务印书馆，2002：137-138.

② 王莉 . 浅论近代奥斯曼帝国的教育世俗化［J］. 重庆科技学院学报（社会科学版），2008（11）：157-158.

成功。

　　1857 年建立的公共教育部是奥斯曼帝国教育发展进程中的一个大事件。它不但能较好地协调公共学校的效率，也可以监督外国教育机构。[①] 公共教育部的内部结构在 1869 年以后得到进一步完善，成立了四个主要部门，它们是公共教育办公室、土耳其教育委员会、账户办公室和秘书处。1870 年，公共教育部成立了翻译部门，里面配备了通晓多种语言的翻译人员，他们负责翻译欧洲的各种法律供帝国统治者们参考。

　　1869 年，奥斯曼帝国颁布公共教育法，这被认为是奥斯曼帝国教育史上的一个转折点。这部法律指出了发展公共教育的学校是教育的优先问题。法律规定要扩大受教育群体的范围，也规定通过一定的混合教育（信仰不同宗教的孩子混合在一所学校学习的方式）来加强不同宗教社团的孩子的友谊。于是，奥斯曼帝国根据法律决定建设世俗化初等小学，使之与原有的马克塔布伊斯兰小学并行。尽管这些世俗小学教授现代科学，但宗教科目依然得到了保留。那时的小学课程设置主要分三类，第一类是奥斯曼语言、历史和文学；第二类是《古兰经》诵读、研读、教义问答，伊斯兰教史和阿拉伯语、波斯语；第三类是算术、自然科学和外语。此外还有一些手工及体育等课程。这说明世俗化的小学不仅体现了现代教育内容，也贯彻了土耳其民族主义原则，保留了伊斯兰传统。

　　坦齐马特时代的改革过程中，公共教育部的成立和新教育法的颁布是两个标志性的历史事件：公共教育部得到了开设新的世俗学校的权力，从而把教育从保守的乌里玛宗教阶层手里分离出来；新教育法则承认了公民受教育机会的平等，提高了普通民众的受教育程度，尤其是派遣留学生的举措更是为奥斯曼帝国培养了为数不少的掌握西方先进技术、了解西方文化思想的精英分子，他们逐渐成为后来的世俗化改革的中坚力量。

　　坦齐马特时期，学者们还为学院编写了《奥斯曼语规则》，这是一本用奥斯曼土耳其语、阿拉伯语、波斯语三种语言写作的语法教程，简明易懂，长期以来被当作课本使用，为当时的语言教育做出了很大贡献。但

[①]　王莉. 奥斯曼帝国后期教育改革的历史考察（1789—1922）［D］. 兰州：西北师范大学，2009：23.

是受保守宗教势力的影响，大部分中学还是只能用阿拉伯语和波斯语授课。坦齐马特时期实行的许多语言政策最后并没有很好地实施。

第三节　教育世俗化改革后期（1876—1922 年）

1876 年，奥斯曼帝国迎来了新的苏丹阿卜杜勒·哈米德二世，同年帝国就颁布了奥斯曼帝国历史上第一部宪法。这部宪法的颁布意味着《古兰经》已经不再是帝国的最高法律，奥斯曼帝国以这部宪法开启了君主立宪的时代。阿卜杜勒·哈米德二世继承了坦齐马特传统的改革精神，要求大力推进教育。他认为教育是国家进步的先决条件之一，因此必须在各方面重视教育并不断学习欧洲的教育模式。

奥斯曼帝国时期的第三个教育改革阶段主要发生在 1908—1922 年。如果说坦齐马特改革打破了传统伊斯兰教育对帝国教育的垄断状态，则后面几十年的发展又为阿卜杜勒·哈米德二世时代的世俗化教育改革打下了良好的基础。在哈米德二世时代，出现了一批出生于奥斯曼帝国上流社会家庭的年轻人。他们会说外语，了解西方文化。他们在帝国的翻译部门等涉外部门工作，都属于帝国的精英阶层，被称为"青年土耳其党人"。这些有共同志向的年轻人聚集起来并发行了一份有影响力的报纸——《自由报》。通过这份报纸，他们抨击政府，针砭时弊，倡议成立"立宪政府"。1908 年，青年土耳其党人发动了革命，抗议运动发展为广泛的军队叛乱和民众示威，这次革命促使奥斯曼帝国实行多党制和两院制的西方民主政治制度，从而使长期以来被苏丹专制统治压制的各种思想和意识得以重新发扬。这些青年土耳其党人了解西方科学技术对经济社会发展的必要性，但也没有彻底放弃土耳其的伊斯兰传统，试图在西方法律制度和伊斯兰宗教传统中建立一种制衡帝国政府权力的制度。青年土耳其党人的思想行为对土耳其的伊斯兰现代主义运动、民族主义运动和泛伊斯兰主义运动都有重要影响，一直持续到土耳其共和国时期。

1908 年革命后，由青年土耳其党人主导的新闻出版界开始为麦德来赛学校改革制造舆论，并提出了各种想法和主张。值得注意的是，当时参与这一讨论的大部分参与者都认为，现代教育和伊斯兰教育是可以相互协调的。不久后，奥斯曼帝国颁布了新的教育法律，这部法律主要针对当时的麦德来赛学校进行改革。它规定麦德来赛学校中除原有的神学课程外，必须加入数学、地理、化学、哲学等课程。帝国还创办了一所独立的神学院，这所学院是专门培养从事伊斯兰研究和伊斯兰事业的现代人才的培养机构，这也是历史上第一所脱离了麦德来赛体系的独立神学院。但由于一系列反传统法案的提出，这个学院最终被政府关闭。

1914 年，帝国又颁布了新的关于麦德来赛的改革法案。法案对伊斯坦布尔的麦德来赛学校重新分级，整体分为中等和高等两级。中等学校分为低级、高级；高等学校分为本科、研究生两级。这次改革使原先负责宗教教育的伊斯兰教教长不再担任内阁大臣，其管辖的所有宗教学校（包括麦德来赛学校）都移交给了教育部。但是这一时期还是开办了培训职业阿訇的学校，以满足人民日常的宗教活动需求。

1908—1918 年，奥斯曼帝国经历了多次由青年土耳其党人操纵的军事政变，但是并没有改变君主立宪的政体。这十年里各种新型的世俗初等学校、高等学校、师范学校、专科学校等的建立都显示出奥斯曼帝国的教育现代化改革的推进程度。

1920 年 4 月 23 日，土耳其成立了大国民议会，随后选举穆斯塔法·凯末尔为议会主席。这一时期的第一次全国教育代表大会于 1921 年 7 月 16 日在安卡拉举行，由穆斯塔法·凯末尔主持开幕。他在讲话中提到奥斯曼帝国对待教育和学习的理念是导致其衰落的原因之一，因此要推动国民教育并建立提高教育效率或改善组织的原则。土耳其需要推行新的国家教育计划，需要一种符合自己历史和民族特征的文化。[①]

---

① AYTAÇ K. Gazi Mustafa Kemal Atatürk Eğitim Politikası Üzerine Konuşmalar [M]. Ankara: Ankara Üniversitesi Basımevi, 1984: 24-25.

第四节　土耳其共和国成立后的教育改革（1923—1999 年）

一、凯末尔主义与土耳其教育改革

1923 年，土耳其共和国正式成立，凯末尔当选总统。此后，为了让土耳其重新建立民族自信，也为了整顿国家秩序，凯末尔提出了被称为"凯末尔主义"的六项原则，并主导了大刀阔斧的改革。

凯末尔主义的六项原则是：

（1）共和主义或民主共和主义。它体现反对君主专制主义，坚持资产阶级共和国的国体原则。

（2）民族主义。它体现保卫土耳其的领土完整、保证民族独立和保持国际上应有的地位的原则。

（3）平民主义。它体现公民主权，即国家权力属于全体公民，以及公民在法律面前一律平等的原则。

（4）国家主义。它体现以国营经济为基础，同时鼓励私人工商业和坚持经济独立自主发展民族资本主义的原则。

（5）世俗主义或反对教权主义。它体现反对伊斯兰封建神权势力干预国家政权、法律、教育和社会生活的原则。

（6）改革主义。它反对满足现状、盲目保守和听天由命的思想，体现坚持不懈进行社会经济改革的原则。

在凯末尔改革过程中，教育改革是其中一项重要议题。凯末尔改革中对教育的改革也是土耳其教育现代化真正的开端。

1922 年 3 月，凯末尔在大国民议会上发表了关于教育的讲话，其大意是：政府要重视本国的国民教育，制定长期的教育规划；教育的改革首先要让人们掌握基本的读写能力，逐步提高国民的受教育水平；为了国家的现实与长远发展，要培养专业技术人员，要重视高等教育和中等教育；办好教育的同时，还要提高人们的独立自主意识和英勇抗敌的精神等。[①]

1924 年，土耳其共和国颁布了《教育统一法》，对教育的结构和管理做出明确规定。根据该法，宗教基金会下属的宗教学校全部关闭，所有的

---

① 侯苗苗 . 土耳其教育现代化研究［D］. 济南：山东师范大学，2017：38.

教育教学及科研机构统一归属教育部管理。[①] 法律规定，学校必须向受教育者提供非宗教的现代化教育，传授西方科学技术、文化知识和思维方式，加强土耳其民族意识的教育。法律还规定要建立共和国自己的教育体系，废除国内少数民族教育、教会教育、外国教育这一多元教育体制，也废除了麦德来赛这一具有悠久历史传统的伊斯兰高等教育形式。不过，法律也规定：按照穆斯林宗教生活的实际需要，根据培养开明伊玛目、哈提甫及其他宗教人士的原则，将设立高等神学院和中等伊玛目 – 哈提甫学校这两种专门宗教教育机构。《教育统一法》的主要目的是整顿教育、规范师范教育。法律还规定，取消公立教育和私立学校中的宗教课程，禁止用奥斯曼帝国时期通用的阿拉伯文和波斯文进行教学，增加土耳其语和土耳其历史教育。

土耳其共和国建国时，国民文盲人口众多，提高国民识字率成为当务之急，凯末尔政府规定 7 ～ 14 岁的儿童和青少年必须参加义务教育。政府出资建立大量乡村学校，并在乡村小学开设小学班和扫盲班。小学班主要针对学龄儿童，他们中的一部分在小学毕业后就立即投入小学教育工作，去教授其他学龄儿童。扫盲班则主要针对农村的文盲成年人，教育内容经过选择，以提高他们的读写能力为主，同时适当教授语文和数学以及农业等知识；为了方便他们劳动，上课时间基本安排在夜间，课程跨度为 4 ～ 6 个月。根据当时学生的文化水平和实际情况，小学班和扫盲班的教育内容做了比较科学灵活的安排，在短时间内取得了不错的效果。在教育体制方面，土耳其政府采用了美国的"五三三"学制，即小学五年，初中三年，高中三年。中等职业专科学校、大学专科均为三年，大学本科四年，男女同校，免费教育。在课程设置方面，初中和高中必须学习基础课程、一门外语（英语、法语、德语任选其一）、技术课程（农业、商业知识），此外，还有体育课、军事课等课程。为了解决师资缺乏的问题和培养更多的高级管理人才，土耳其政府积极发展土耳其的师范教育和高等教育，比如在首都安卡拉创办多所示范学校，从而为国民教育事业输送了大量的师资。[②]

① 韩智敏.土耳其教育行政体制探析［J］.教育教学论坛，2014（49）：127-128.
② 侯苗苗.土耳其教育现代化研究［D］.济南：山东师范大学，2017：39.

二、杜威与土耳其教育改革

为了构建西方模式的教育制度，解决土耳其教育现代化的问题，土耳其政府在 1924 年还邀请了当时世界闻名的美国教育家杜威来考察土耳其的教育体系，并请杜威就土耳其教育改革和重建提出建议。

杜威在考察结束后向土耳其政府提交了两份报告。他对土耳其教育计划的拟定和实施、作为社区中心的学校的发展、公共教育部的重组、教师的培训和待遇、教育体系的重新定义、学生健康和营养的改进、学校纪律的改进以及学校改革的其他方面提出了有针对性的建议。在第一份报告中，他强调改善教师素质在教育改革和体系重建中的重要性；在第二份报告中，杜威再次强调，教师的培养、待遇以及工作条件等问题在教育改革中应该作为关键问题从长计议。杜威还专门提到要重视农村教师的培养，改进师范教育的质量。杜威还提醒土耳其政府，学校改革和建设不能急于求成，首先应彻底研究教育问题，要对执行计划的工作人员开展专门的培训，而不是草率地提出一个期望达到的结果。

土耳其共和国成立时，在全国范围内实行中央集权的教育行政体制。杜威认为，教育部的改革中统一管理是必须的，但是不应该机械地集权，应该允许一定程度的多样化发展，比如开设更多办学机制灵活的私立学校等。

作为一个影响了 20 世纪乃至更长时期的教育走向的教育家，杜威敏锐地抓住了土耳其由神权统治向民主化社会转型过程中教育存在的弊端，并提出了他的解决方法——教育部的功能在于引导教育发展，教育应该分权。遗憾的是，在土耳其后来的教育改革中，他的建议只有部分被采纳。

三、凯末尔与土耳其文字改革

现代土耳其语改用拉丁字母是凯末尔推行的重大语言改革之一，这项改革打破了晦涩难学的奥斯曼土耳其语只被少数阶层掌握的局面，方便普通人学习书写和阅读，提高了土耳其人的识字率，同时帮助土耳其人树立了民族精神，增强了民族意识。这是语言改革最重要的意义。

1928 年，土耳其大国民议会通过了《土耳其字母采用和实施法》。该法规定分阶段地用新土耳其字母来取代旧的阿拉伯字母。法律规定，1929 年 1 月 1 日起，国家机关、公司、银行、协会以及社团在其工作文件中必须要使用土耳其字母，土耳其语出版的图书必须以土耳其字母印刷。1929 年 6 月 1 日之后，向政府提交的各类申请不再使用旧字母。所有的学校，凡是用土耳其语教学的，必须使用土耳其字母，严禁使用以阿拉伯字母出版的图书进行教学。该法还禁止印刷阿拉伯文书籍，甚至禁止民众阅读阿拉伯文书籍。在中学里禁止使用波斯文和阿拉伯文进行教学。1928 年 12 月 1 日开始，所有土耳其语的报纸与杂志也开始用新土耳其字母出版。1929 年 1 月 1 日，国家教育部直属的公立学校发起了"读写运动"。到 1935 年，用了不到 10 年时间，土耳其民众的识字率就提高了一倍。

此外，凯末尔政府为了弥补正规教育的不足，还创办了面向社会人群的文化教育场所——文化宫。它们建于土耳其各大城市和主要城镇，主要用于社区中心组织活动，比如文艺演出、电影放映等。文化宫为民众提供了娱乐、文化教育和锻炼身体的场所。一些精英分子在文化宫向民众宣传西方文化。此外，它的设立还带有政治目的，即向民众灌输共和国的革命原则——不光是土耳其民族主义，还有世俗主义和西化思想。

四、凯末尔改革后的教育发展

（一）单一政党时期的土耳其教育（1923—1950 年）

1923—1950 年间是凯末尔创立的共和人民党执政时期，由于当时土耳其没有政党能与共和人民党抗衡，因此这段时间被称为单一政党时期。这个阶段土耳其教育政策的基本方针是促进人民接受新的社会、政治和文化价值观，并支持新创立的民族国家的体制结构。教育的政治和文化、社会功能是优先的。当时的土耳其百废待兴，第一次世界大战后其经济受到严重破坏，人民生活困苦，工业基础薄弱，迅速提高人民的文化水平对发展经济至关重要。土耳其需要培养大量从事工业和服务业的专业人员，也需要大力发展农业。

为了发展教育，土耳其支持富人开设私立学校——当然这些学校不是宗教学校，且必须由土耳其国家教育部管辖。在土耳其政府的努力下，土耳其民众接受了新的土耳其文字，识字率得到很大提高，但是小学毕业生的升学率依然不高。这一时期也是伊斯兰教育的低潮时期，除了专门的伊玛目－哈提甫学校可以教授宗教课程，所有其他学校中都没有宗教课程。

（二）多党制与伊斯兰教育的回归（1950—1960 年）

1938 年，凯末尔去世，伊斯迈特·伊诺努当选为土耳其总统。1946 年，民主党问世。

土耳其民主政治逐渐向多党制过渡之时，伊斯兰思想也开始重新得到重视，宗教人士不但要求复兴伊斯兰教，也要求复兴伊斯兰宗教教育。伊斯兰宗教教育也走出了共和国成立后的低谷，开始逐渐重新进入政府的教育体系。1947 年，政府做出决定：在有关教师和课程得到教育部的同意后，人们可以自愿组织和实施宗教教育。1949 年 2 月，教育部又允许公立小学的 4、5 年级进行每周 2 小时的宗教教育。1950—1951 年，伊斯兰宗教课成了小学 4、5 年级的必修课。为了培养宗教领导人才，土耳其教育部于 1947年开始在私立宗教学校中招收初、高中毕业生培养宗教人才，学制 5 年；后来又在安卡拉和伊斯坦布尔等大城市开设了为期 10 个月的伊玛目－哈提甫短训班。伊斯兰高等神学教育也在安卡拉大学重新建立。①

（三）第二共和国时期的教育发展（1960—1999 年）

20 世纪 60 年代，民主党执政期间，军队发动了政变并接管了政权，组建了团结委员会。为了恢复和加大大学的自治权，团结委员会颁布法令，给予大学更大的发言权和舆论权，宗教教育热潮逐渐减退并趋于平静。教育事业自共和国建立以来有所发展，但仍缺乏中等技术人才，成人的文盲率仍旧很高，农村儿童的入学率依旧很低，同时也存在教育资源配置不均衡的问题。

20 世纪 70 年代，土耳其爆发经济危机，国内的政治局势动荡不安，社会暴乱频繁发生。在这样的经济背景下，教育改革停滞不前，教育经费也大量削减，师资缺乏、文盲率偏高、入学率低、学校数量偏少、农村教育落后等仍是比较突出的问题。土耳其教育部在这期间采取的措施主要是增加学校数量，但是增建的学校以普通学校为主，依然缺乏足够的职业技术学校。1980 年，土耳其共和国再次发生了军事政变。1982 年修改后的宪法（现行宪法）规定：宗教课程必须是学校的必修课；宪法在规定宗教信

---

① 孙振玉.土耳其伊斯兰教育的传统与改革［J］.西北民族学院学报（哲学社会科学版），1997（3）：63-69.

仰自由的同时，也规定宗教教育和伦理教育必须在国家的监督下进行；任何人不得利用和滥用宗教来达到个人的政治目的。宪法还规定，任何人都不应被剥夺受教育的权利，受教育权被定义为一项社会权利。

第三章　土耳其教育的基本制度与政策

土耳其共和国具备相当完善的教育体系，以及符合国情的教育政策。近年来，土耳其政府更是大力推进教育现代化、国际化。目前，土耳其的教育水平居发展中国家的前列。本章将从土耳其的国民教育体系、行政管理制度以及宏观教育政策三个方面介绍土耳其教育的基本制度与政策的总体情况。

第一节　土耳其的国民教育体系

土耳其共和国具有十分完整的国民教育体系。层次上，覆盖学前教育、初等教育、中等教育、高等教育等各个阶段；性质上，既有公立学校也有私立学校；教学形式上，既有面授教育，也有远程教育；内容上，宗教教育和世俗教育相得益彰。

一、教育类型

土耳其教育在类型上可以分为正规教育和非正规教育。

正规教育和非正规教育在一定的课程、计划框架内按照一定的规则和方法进行，受教育者经评估合格后可获得相应的文凭或证书。以普通学校为例，对学生入学年龄、入学时间、学期长度、课程项目、课程内容、授课方式以及授课教师等都有相应的规定。学校应遵守国家教育部的规定，教育部要对学校进行监督管理。学生在接受教育后能够获得某一方面的技能，而学校需要在学期内通过不同形式的测试对这一技能进行评估。

正规教育是指由土耳其国家教育部门认可的教育机构（学校）所提供的有目的、有组织、有计划、由专职人员负责的，以影响入学者的身心发展为直接目标的全面系统的训练和培养活动。正规教育的场所是幼儿园、小学、中学和大学，即一般学校。在这种类型的教育中，学习是循序渐进的，并且有先决条件。例如，学生不上 10 年级的数学课就不能上 11 年级的数学课，或者不上高中就不能上大学。学生在完成一定程度的教育之后能够获得相应的文凭，因此正规教育又被称为学历教育。

非正规教育则更加灵活。在这种类型的教育中，受教育者会综合考虑自己的兴趣和需求，转向培训课程或公共教育中心等非正规教育机构进修。与正规教育不同，这种教育没有教育层次之分。受教育者可以自愿学习一门课程，并选择不同的时段接受培训。对于线上课程来说，受教育者甚至可以随时随地接受培训。与正规教育不同，受教育者在完成非正规培训后将获得相应的证书（并非文凭），因此非正规教育又被称作非学历教育。

正规教育和非正规教育虽然有不同，但两者都以系统的、有计划的方式进行，且都由专业人员提供相应教育。这种教育方式一方面有着明确的培养目标，另一方面可以针对目标对学生进行相应的评估。

二、教育层次

土耳其的国民教育体系可以分为学前教育、义务教育和高等教育三个层次。其中义务教育分为初等教育、中等教育两个阶段，初等教育即小学教育和初中教育，中等教育即高中教育。

土耳其的国民教育体系可以简单用图 3-1 来表示：

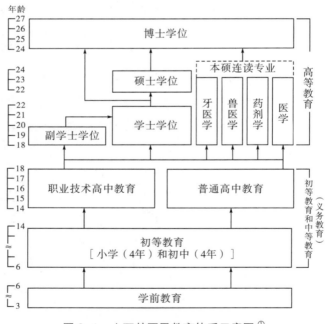

图 3-1　土耳其国民教育体系示意图[1]

---

[1]　Suleyman Demirel University. Higher education system in Turkey [EB/OL].[2022-03-21]. https://uluslararasi.sdu.edu.tr/en/prospective-students/higher-education-system-in-turkey-8430s.html.

（一）学前教育

土耳其《国家教育基本法》规定，土耳其教育系统的第一阶段是学前教育。在土耳其，学前教育很大程度上被视为儿童进入小学前在相关机构接受的教育，但这一定义并不是十分全面。普遍来讲，只要是为 0～6 岁儿童发展所设计的各类教育项目都可以称作学前教育。最近几年，"早期儿童教育"的概念也开始逐渐被大众所熟知并使用。不同的人对于学前教育的定义可能有所不同，但是归根结底，不论是学前教育还是早期儿童教育，他们都以儿童权益为出发点，为儿童提供促进其全方位发展的教育活动。

（二）义务教育

土耳其的义务教育分为初等教育和中等教育两个层次。2012 年，土耳其政府宣布将义务教育从 8 年延长至 12 年，也就是小学教育 4 年、初中教育 4 年、高中教育 4 年。

在土耳其，儿童在 5 岁半之后就可以开始接受为期 4 年的小学教育。小学阶段的学习任务较轻，主要侧重于培养基本的读写能力和良好的行为习惯。小学毕业之后，学生开始接受初中教育，这一阶段的教育主要提供职业或技能方面的培训，因此开设了选修课。学生在初中毕业后将进入附近的高中学习。土耳其的高中大致可以分成阿纳多卢高中、科学高中、社科高中、宗教高中、艺术高中、体育高中和职业技术高中 7 种，学生可以根据自身情况选择适合的高中就读。

（三）高等教育

土耳其高等教育主要由高等教育委员会以及和高等教育相关的各个部门负责。高等教育机构主要包括大学、学院、研究所、职业学校和研究中心等。

从学位体系构成来看，土耳其高等教育包括学士、硕士和博士三级学位体系，其中牙医学、兽医学、药剂学、医学等专业只颁发一贯制的单级学位。[①] 高等教育中每一级学位体系都是相互衔接的，以便学生继续深造。本科课程通常为 3～4 年，硕士课程大多 2～3 年。高等职业技术学校还

---

① 即不区分学士学位与硕士学位，相当于本硕连读，毕业后可直接申请攻读博士学位。

有两年制的，侧重于职业教育，学生毕业后可获得大专学历。在牙医学、医学、兽医学、药剂学等专业就读的学生，获得学位后可以直接申请攻读博士学位。一般来说，其他专业的本科生毕业后必须先攻读硕士，然后才可以申请攻读博士学位。但其他专业的本科毕业生若表现十分突出，也可以申请直接攻读博士学位。取得博士学位一般需要 3～6 年。

2001 年，土耳其正式成为博洛尼亚进程的签署国，在高等教育领域进行了深度改革。具体措施包括：改革高等教育学位体制，将高等教育分为本科教育和研究生教育两个阶段，以实现和欧盟国家学位结构的对等；签订双边合作协议及实施伊拉斯谟计划，以增强师生跨境流动和文凭互认；规划高等教育学术评价和质量保障机制，建立国家性的质量保障体系等。

2020 年，土耳其在博洛尼亚进程相关协议范围内有多个项目都得到了满分。到 2023 年，土耳其有望再增加 100 所大学。土耳其政府还拟在 2023 年将研发经费占 GDP 的比例增加到 3%，将全职研究人员增加到大约 30 万名。此外，土耳其还计划在每所大学建立科技转化办公室，支持应用科学的发展，促进科技创新与产业界的联系。[①]

三、学校类型

土耳其的学校类型主要有公立学校、私立学校和国际学校三类。

（一）公立学校

土耳其的公立学校不论受教育者是否为土耳其籍，都会为他们提供免费的初等教育和中等教育服务。在公立学校，每个班有 50～60 名学生，教学语言一般为土耳其语，但有部分公立学校的教学语言是英语。在土耳其，除一些农村地区之外，几乎所有区县都至少有一所公立学校供学生选择。在这里，学生可以更好地了解土耳其的历史和文化，更容易融入社会。

（二）私立学校

私立学校通常由协会或慈善人士拥有和经营，每年都会收取学费、伙食费和寄宿费，费用总体较为昂贵，但是一些学校也会为社会经济条件较差、有特殊需求、在体育或艺术方面十分出色或者取得学术成就的学生提

---

① 邓莉.土耳其高等教育改革关注世界一流大学建设［J］.世界教育信息，2013（20）：76.

供不同的奖学金。私立学校通常采取小班教学的模式，一个班一般不多于15 人，外籍教师多（教师母语一般是英语），教学语言一般为英语。课程设计大体遵循土耳其国家课程框架，但更加丰富多样，课外拓展课程较多，可以促进学生全面发展。

伊莱福学校、花园城市学校、伊斯泰克学校和多阿学校都是土耳其著名的私立学校，其中花园城市学校向学生提供双语教育。

（三）国际学校

土耳其的国际学校也属于私立学校的一种，但是这些学校是专门为外国人设立的，一些学校提供土耳其语和另一种外语（通常是英语）的双语教学。但是由于国际学校不遵循土耳其的国家课程框架，因此，如果学生想留在土耳其读大学，很可能难以通过国家高等教育考试。

伊斯坦布尔英国国际学校、绿洲国际学校、MEF 国际学校、伊兹密尔SEV 国际学校和安塔利亚社会学校都是土耳其著名的国际学校。

第二节　土耳其教育的行政管理制度

教育行政体制是指一个国家的教育行政组织系统，也可理解为国家对教育的领导管理的组织结构形式和工作制度的总称。它主要由教育行政组织机构的设置、各级教育行政机构的隶属关系及相互间的职权划分等构成。教育行政体制是国家行政体制的重要组成部分，随着社会政治、经济的发展变化和国家行政体制的发展变化而变化。[①]

一、土耳其教育行政管理制度的发展

土耳其现行的教育行政体制为总统负责制，在层次上分为中央、省和县三级。土耳其国家教育部以及高等教育委员会是国民教育系统的主管部门。高中及以前阶段的教育事务由国家教育部负责管理，高等教育相关事宜则由土耳其高等教育委员会负责管理。这两个部门直接对总统负责。

---

① 韩智敏 . 土耳其教育行政体制探析［J］. 教育教学论坛，2014（49）：127-128.

1924 年颁布的《教育统一法》，对教育机构的管理做出明确规定，所有的教育及科研机构统一归教育部管理；1926 年颁布的《教育机构法》对管理架构做出首次调整，以法律形式确认了国家一级教育指导委员会和各级地方教育行政组织；1981 年设立了高等教育委员会；2011 年颁布的《土耳其国家教育部组织和职责法决议的第 652 号法令》对教育部的组织架构、各下属职能部门的职责做出了调整，确立了现行的教育行政体制。

2010 年以来，土耳其国家教育部开始制订五年战略计划，确立中期目标，以便在中央、省和地区各级开展宣传工作。这些计划为每个目标确定了量化指标、责任人和财政资源分配。第一个战略计划（2010—2014 年）侧重于教育资源的获取。[①] 第二个战略计划（2015—2019 年）强调教育质量和机构能力的提升，为此，教育部咨询了约 3.8 万名内部利益相关者（教育工作者和管理人员）和 3.5 万名外部利益相关者（学生、家长和学者）。第三个战略计划（2019—2023 年）旨在促进义务教育阶段向高等教育和就业的过渡，满足特殊教育需求，并实现结构现代化，以提高效率。

2018 年，土耳其国家教育部发布新的五年计划——《土耳其 2023 年教育愿景》（下文简称为《2023 年教育愿景》）。其中提出了 8 个具体目标：缩小学校之间的差距；改善学校学习环境；提高职业技术教育的吸引力；减轻考试压力；培养 21 世纪的技能；提高教育工作者的工作满意度；扩大学前教育；提高对有特殊教育需要的学生的包容性。

在国家教育部的协调下，土耳其在 2018 年修订了课程，这次修订强调了 21 世纪的能力，减少了课程负担，增强了与劳动力市场的相关性。这次修订还考虑到信息时代所需的知识和技能、不同地区不同类型学校教师能力的区别和多样性的学生需求。同时，国家教育部还与行业代表合作，于 2020 年完成了职业技术教育课程的全面修订。经济合作与发展组织赞扬了改革的方向，同时确定从以下方面支持改革实施：解决教师能力差距问题，改变当前对重大考试过于关注的状况，确保明确沟通以避免改革疲劳。

---

① MEB. Millî Eğitim Bakanlığı Strateji Geliştirme Başkanliği 2010—2014 Stratejik Planı［EB/OL］.［2021-10-11］. https://planipolis.iiep.unesco.org/sites/default/files/ressources/turkey_ed-strategic_plan_2010-2014-tur.pdf.

二、土耳其国家教育部

（一）历史沿革

纵观世界各国基础教育发展的历史，在 19 世纪中后期，政教合一的民族国家的教育主办权大都经历了从教会、基金会等权力主体过渡到世俗的行政权力——国家主管的历史过程，土耳其也是这样。在 19 世纪中期之前，基金会主要负责管理教育和培训服务。在马哈茂德二世执政期间，他提出教育应该由国家来统一管理。1857 年，教育主管权限移交到教育部，教育部正式成为国家教育的主管部门。之后的一百多年，受到各种法律规定的影响，教育部的名称、结构几经变更，直到 2011 年，才确立了现行国家教育部组织结构。

教育部在 1869 年颁布了第一个教育管理条例《通识教育条例》。该条例被认为是土耳其教育制度的第一个法规。该法规涵盖了受教育权、教育管理、教育制度的确立、教育经费、教师培训就业、省级组织和考试制度等方面。与此同时，中央一级的大教育议会与省一级的教育议会随之成立。不久后，大教育议会成为独立的议会，议会下设的各个部门也按照不同的教学阶段分成了小学部、初中部、高中部、版权翻译部以及印刷出版部。

直到 1911 年《教育组织法规》的颁布，教育部才开始有一个整体的框架结构。当时教育部由初等教育部、中等教育部、高等教育部、私立学校部、编辑处、财务处、登记处、统计部门、课程工具部门、文献处组成。

独立战争期间，土耳其出现了两个教育部，一个是奥斯曼政府教育部，另一个是大国民议会教育部。1920 年 4 月 23 日，土耳其大国民议会成立，不久之后，部长委员会成立，教育部部长也加入了部长委员会。

1923 年，土耳其废除了奥斯曼政府教育部，同时对大国民议会教育部进行了一些结构调整：一方面，增设了副部长、高等教育部、监察委员会、版权与翻译处、执行秘书处、文献处等部门；另一方面，省级组织统一调整为教育局与教育办公室。

1923 年土耳其共和国成立后，土耳其管理国家教育的部门多次更名，最终于 1989 年确定为国家教育部并延续至今。

2011 年颁布的《土耳其国家教育部组织和职责法决议的第 652 号法令》对国家教育部的组织架构、各下属职能部门的职责做出了调整，确立了现行的教育行政体制，并明确了教育部各部门的职责。①

（二）组织结构与职责

目前，土耳其国家教育部由中央、地方和海外组织三部分组成，如图 3-2 所示。

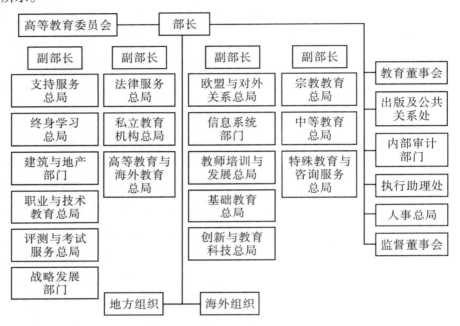

图 3-2　国家教育部组织结构图

（资料来源：MEB Teşkilat Şeması［EB/OL］.［2023-04-24］. https://www. meb.gov.tr/meb/teskilat.php.）

教育部部长是国家教育部的最高监督员，负责教育部的整体工作，而且直接对总统负责。部长的职责包括：根据宪法、法律、政府计划、国家政策以及战略计划管理该部；就该部管理范围内的问题制定政策和战略，设定合适的年度目标、业绩标准及预算，进行必要的法律和行政安排，协调、监测、评估既定的战略、目标和业绩标准的执行情况；监督该部的活动和运作，审查管理系统，监测组织结构和管理过程的有效性，并确保管理工作的良好推进；确保其他部委和公共机构与教育部在活动领域的合作

① Millî Eğitim Bakanlığinin Teşkilat ve Görevleri Hakkinda Kanun Hükmünde Kararname [Z/OL]. [2022-03-01] . http://resmigazete.gov.tr/eskiler/2011/09/20110914-1.htm.

与协调。

教育部下设宗教教育总局、法律服务总局、私立教育机构总局、特殊教育与咨询服务总局、支持服务总局、职业与技术教育总局、信息系统部门、评测与考试服务总局、基础教育总局、中等教育总局以及教师培训与发展总局等职能部门。

在地方层面，土耳其在全国各地都设立有国家教育局作为专门的地方教育行政组织，在各自的行政区域内对教育事业进行组织、领导和管理。省、县级国家教育局实行二元管理制，既受同级政府行政长官领导，又受上级政府的教育行政机构的领导。①

除中央机关和地方行政组织外，国家教育部还设立了海外教育行政机构。截至 2022 年 7 月，土耳其共在 49 个国家设立了 75 个教育代表处。国外机构的职责主要包括：管理居住在国外的土耳其公民和侨民子女、在国外接受高等教育的土耳其留学生的教育教学相关事务，关注相关国际组织的教育教学活动和实践并及时向国家教育部汇报；保障国际文化协定的顺利执行；对国外的土耳其劳工子女的基本教育和职业教育给予关注和帮助，并向国家教育部汇报存在的问题，提出解决建议；管理国家教育部向国外派遣教授土耳其语和土耳其文化课程的教师等。②

三、土耳其高等教育委员会

在 1981 年之前，土耳其高等教育系统由以下五部分组成：大学、教育部直属学院、两年制职业高等院校及音乐学院（基本隶属于教育部，只有少部分属于其他部委）、教育部直属的三年制教育机构和远程教育。

1981 年 11 月 6 日，《土耳其高等教育法》颁布，土耳其高等教育委员会随之成立。该条例对高等教育进行了学术、制度调整和行政重组。根据这项法律，土耳其的所有高等教育机构统一归高等教育委员会管理。学院变为大学，教育机构变为教育学院，音乐学院和职业院校与大学挂钩。这样一来，高等教育委员会就成了唯一一个负责所有高等教育事务的机构。

---

① 韩智敏.土耳其教育行政体制探析［J］.教育教学论坛，2014（49）：127-128.

② 同①.

高等教育委员会主要负责高等教育的战略规划和大学之间的协调工作，最重要的工作是建立和维持土耳其高等教育质量保证机制。委员会下设全体大会、执行委员会等分支机构。全体大会由 21 名成员组成，其中 14 名由总统直接任命，7 名由大学委员会选拔产生，任期均为 4 年；执行委员会由 9 名成员组成，均从全体大会成员中选拔产生。

四、测评、选拔与安置中心

（一）土耳其全国统一考试

土耳其高等教育入学要经过全国统一考试。全国统一考试是中等教育和高等教育的衔接点，它不仅决定了学生是否具有高等教育的入学资格，而且决定了学生可以进入哪一种类型的高等教育机构学习。

2017 年以前，全国统一考试分为两个阶段：第一阶段是高等教育入学考试（Yükseköğretime Geçiş Sınavı，简称 YGS），该考试一般在每年的 3 月举行，主要是对学生进行选拔和筛选，通过考试成绩，决定学生是否可以进入高等教育系统；第二阶段是本科安置考试（Lisans Yerleştirme Sınavı，简称 LYS），LYS 的考试成绩和院校的综合评估共同决定学生是否能够被理想的大学录取。学生必须先参加 3 月份的 YGS 考试，并且在至少一门科目中拿到不低于 180 分的分数，然后才有资格参加 6 月份的 LYS 考试。考生可以根据自己的考试分数选择合适的高等教育项目，具体情况见表3-1 所示。

表 3-1　YGS 与 LYS 系统下高等教育项目及最低分数要求

高等教育项目类型	申请项目所需分数类型	最低分数要求
职业高等学校副学士学位项目	相关 YGS 成绩	150 分
远程教育副学士学位或学士学位项目	相关 YGS 成绩	150 分
给予职业高中考生优惠分数的本科项目	相关 YGS 或 LYS 成绩	180 分
不给予职业高中考生优惠分数的本科项目	相关 LYS 成绩	180 分

从 2017—2018 学年开始，土耳其采用高等教育机构考试（Yükseköğretim Kurumları Sınavı，简称 YKS）考试系统，即现行的土耳其高等教育入学考试制度。YKS 考试共分为三个阶段：基础能力测试、专业能力测试、外语测试。

（1）基础能力测试。基础能力测试旨在考查学生的逻辑思维能力、推理能力、评价能力以及凭借思考解决问题的能力。考试题目均出自高中必修课的内容。在这一考试中，考生必须达到 150 分，否则就无法选择专业。得分在 150 ～ 180 分之间的考生可以选择进入远程教育系统进行学习，得分在 180 分及以上的考生可以根据个人兴趣选择本科专业。基础能力测试的测试科目、考查内容及题目数量见表 3-2 所示。

表 3-2 基础能力测试内容

测试科目	考查内容	题目数量
土耳其语	考查学生能否正确使用土耳其语，如掌握基本语法、造句、拼写规则、词汇运用、阅读理解等	40
社会科学	考查社会科学中的基本概念及具体原理	历史：5 地理：5 哲学：5 宗教文化与伦理道德：5
基础数学	考查学生的基础数学运用能力，如抽象思维、实际应用等	40
自然科学	考查自然科学中的基本概念及具体原理	物理：7 化学：7 生物：6

（2）专业能力测试。考生在基础能力测试之后可以自愿参加专业能力测试，一般情况下，四年制的大学需要考生提供基础能力测试和专业能力测试两场测试的成绩。该测试中的题目均出自高中必修课内容，具体测试科目以及题目数量见表 3-3 所示。

表 3-3　专业能力测试内容

测试科目	题目数量
土耳其语言文学、社会科学 −1	土耳其语言文学：24 历史 1：10 地理 1：6
社会科学 −2	历史 2：11 地理 2：11 哲学：12 宗教文化与伦理道德：6
数学	40
自然科学	物理：14 化学：13 生物：13

（3）外语测试。第三阶段的外语测试不同于前两个阶段的考试，并不要求所有的考生都参与，是为已经取得基础测试分数并且想要攻读语言相关专业的考生设计的。

（二）组织结构

高等教育机构考试由国家机构——测评、选拔与安置中心组织进行。该机构旨在从考生中选拔出更加优秀的人才接受高等教育，它每年为大约1 000 万名考生提供考试机会。

《测评、选拔与安置中心组织及职责相关法》规定，该机构具有行政和财务自由权，由中央组织和隶属于中央组织的代表处两部分组成。代表处分设于土耳其的 81 个省份，其位置及数量由董事会的提议决定。

第三节　土耳其教育的宏观政策

从宏观政策上来看，土耳其通过多部法律为整个教育体系奠定了坚实的法律基础。政策的制定上主要采取中央集权、分级管理的模式，寻求世俗教育与宗教教育的平衡，在发展国内教育的同时积极开展国际合作。

一、土耳其教育政策的法律基础

（一）《教育统一法》

土耳其共和国成立初期经济受到严重破坏，人民生活困苦，工业基础薄弱，百废待兴，因此需要迅速提高人民的文化水平以发展经济。国家第一时间对教育做出改革，颁布了《教育统一法》，为教育奠定了法律基础。

《教育统一法》规定：土耳其境内所有的科学教育机构、由宗教事务基金会管理的麦德来赛以及私人基金会管理的马克塔布，以及上述教育机构的预算统一移交国家教育部管理；国家教育部负责开设高等教育神学院以培养高级宗教专家，并开设伊玛目－哈提甫学校来培养伊玛目、哈提甫等宗教服务人员；由国防部管理的军事中学，卫生部管理的孤儿院及其预算、师资统一移交国家教育部管理。

《教育统一法》是土耳其教育领域中最重要的法律之一，它确立了土耳其世俗化教育的基调，同时也为教育中央集权奠定了坚实的法律基础。

（二）宪法

在 1982 年宪法中，有若干条款都和教育直接相关，其中一些条款涉及所有公民，因此也与教育管理人员相关。

这些条款赋予了公民在宗教信仰、思想见解、科学艺术等诸多方面的自由；赋予了公民受教育权，规定所有公民都必须接受初等教育，且公立学校免费提供初等教育，国家通过奖学金等援助手段，帮助经济情况不佳的学生继续接受教育；明确了宗教教育与道德教育需在国家的监督和控制下进行，并在中小学教育中设立宗教文化和道德教育的必修课；同时，保障海外土耳其公民的教育、文化与社会需求。

（三）《国家教育基本法》

1973 年 6 月 14 日，《国家教育基本法》通过。这部法律确定了土耳其的国民教育目标，明确了一系列基本原则，塑造了完整的国民教育体系。

由于社会、政治环境不断变化，该法律自颁布以来，共经过 1983 年、1997 年两次修订。1983 年进行的首次修订旨在适应军事管理时期制定的1982 年宪法。这次修订主要涉及凯末尔民族主义、民主教育、世俗主义、初等教育法规和塑造高等教育等主题。1997 年进行的第二次修订则是针对 1997 年 2 月开始的军事政变所做出的调整。这次调整的内容涉及教育的方向和初等教育问题。这两次调整均为对上述时期的社会和政治现象的反映。

该法律明确了土耳其国民教育体系的基本原则：

（1）培养拥护祖国、遵守宪法、明确并履行义务的公民。

（2）培养在身体、思想、道德、精神和情感方面均衡发展，尊重人权，具有创造力和生产力的公民。

（3）通过培养兴趣、能力，使公民获得必要的知识、技能、行为规范以及合作能力，为生活做好准备，确保他们能从事一份自己满意且造福社会的职业。

（4）增进民生福祉，提高社会幸福度，支持国家整体的经济、社会与文化发展，使土耳其民族成为一个具有建设性的杰出的当代文明参与者。

二、教育政策的主要特点

（一）中央集权，分级管理

土耳其的教育体系规模较大，高度集中。19 世纪后期，土耳其共和国的前身奥斯曼帝国开始了教育现代化历程，建立起中央集权制的教育行政体制。1923 年，土耳其共和国成立后，虽然经历了多次变革和调整，但教育行政体制一直保持典型的中央集权、分级管理的特色，各级、各类教育机构受国家统一指挥和监督。国家教育部作为专门性的国家教育行政组织，几乎承担了全部的公共教育事务，管理的内容从教育大政方针的制定到公立学校教师的任命，广泛而具体。[①]

纵观土耳其共和国教育发展的历史，中央集权制的教育行政体制起到了积极作用。这有利于统筹全局，集中力量规划全国的教育事业；有利于制定和实施全国统一的教育政策；有利于对经济落后地区的教育进行扶持，从而调节各地教育发展的不平衡；有利于统一教育标准，保证全国教育发展的整体水平。[②]

（二）世俗教育与宗教教育的平衡

1923 年土耳其共和国建立之后，关于宗教教育问题，土耳其的教育经

---

① 韩智敏. 土耳其教育行政体制探析 [J]. 教育教学论坛，2014（49）：127-128.

② 同①.

历了从纯粹的世俗化到宗教教育逐渐恢复的过程。20 世纪 80 年代之后，土耳其在控制宗教教育的基础上把宗教作为一种文化，以文化传播的形式在义务教育阶段的学校中开设宗教文化与道德课程。1982 年，新修订的宪法，即现行土耳其宪法规定：在国家的监督与控制下，中小学必须开设宗教课程。从那时起，在义务教育阶段，土耳其所有学校都开设宗教课程，以期青少年通过学习宗教文化，获得相应的价值观，并能够指导自身的实践。在义务教育的不同阶段，接受宗教教育的时间有所不同：4～8 年级，每周开设两个小时的宗教教育课程；9～12 年级，每周开设一个小时的宗教教育课程。可见，在土耳其 12 年的义务教育阶段，学生需要接受 9 年的宗教教育。在公立学校，宗教课程中的"宗教和文化"的教学领域在所有课程当中涵盖了多种文化元素。其中，文化元素中"人物"和"艺术和文学"所占的比例最大。这些文化元素或以先知的故事的方式呈现在教材中，让学生们通过教师讲授的方式来学习，或以援助等活动的方式让学生体悟与学习，或以户外实践的方式来学习。这门课中主要传播的价值内容包括诚实、爱和怜悯、分享和帮助、劳动和努力、责任、尊敬他人、谦虚、公平、友谊、节俭。[①]

（三）国内国际共同发展，积极发展国际合作

土耳其自 2004 年以来，一直受益于欧洲联盟的教育方案。为了保障及加强与欧盟和其他国际组织的合作，土耳其国家教育部还设立了欧盟及对外关系总局，其主要职能是：开展和协调土耳其与欧盟以及其他国际组织在教育方面的有关合作；提供赴土留学生教育相关的服务；提高土耳其本国留学生的教育水平，开展必要的教育和培训服务，让他们从留学教育机会中受益，并采取必要措施，确保他们在回国后适应土耳其国内的教育制度；积极与在语言、文化、历史方面和土耳其有联系的国家展开合作。

在欧洲一体化进程中，博洛尼亚进程是重要的一步。1999 年在意大利的博洛尼亚，29 个欧洲国家提出了欧洲高等教育改革计划。该计划的目标是整合欧盟的高等教育资源，打通教育体制，从而建立欧洲高等教育区，

---

① 白娴棠 . 神圣与世俗的融合：土耳其与伊朗中小学的宗教教育实施现状［J］. 世界宗教文化，2016（5）：56-60，158.

推动欧洲一体化进程。目前，博洛尼亚进程的成员国之间已经做到了学历互认。土耳其在加入博洛尼亚进程后，引进了一系列的政策措施，在高等教育领域进行了深刻的变革，通过对高等教育学位体制改革的进一步深化，实现了和欧盟国家学位结构的对等。土耳其的这次高等教育改革影响深远，提高了高等教育的质量和国际竞争力。

一个国家的国际学生数量也是衡量其教育水平和教育国际化程度的重要指标。留学生既包括出国留学的学生，也包含外国赴本国留学的学生，可以分别简单称之为"走出去"和"引进来"的学生。这两个方面的渠道，都是将本国教育成果向世界传播的途径，可以促进本国与世界各国加强交流，从而提升本国的教育水平，提升本国在世界的影响力。

联合国教科文组织的统计数据显示，从 2012 年开始，赴土耳其留学的人数大幅增加，2012 年赴土耳其留学的学生约有 3.8 万人，2016 年为 8.8 万人，增长了一倍以上。

土耳其能够吸引越来越多的国际学生前来留学，与其在高等教育方面的改革是分不开的，尤其是成为博洛尼亚进程签署国之后，土耳其在高等教育领域进行了一系列改革，使得高等教育体系不断完善，吸引了越来越多的国际学生赴土耳其求学。根据 2017 年《泰晤士高等教育》（THE）发布的世界大学排名来看，土耳其共有 5 所大学进入世界前 500 强。

土耳其一方面吸引了很多国际学生前来学习，另一方面也在向国际输送人才。2012—2017 年，土耳其每年约有 4 万名学生前往外国学习。出国留学开阔了土耳其学生的国际化视野，增强了土耳其和其他国家之间的文化交流。

第四章

土耳其学前教育

学前教育是由家长及幼师利用各种方法和实物，有系统、有计划而且科学地对孩童的大脑进行各种刺激，使大脑各部位的功能逐渐完善而进行的教育。学前教育是儿童接触的最早阶段的教育，良好的学前教育能够帮助孩子抓住发展的"黄金时期"，为今后的发展奠定坚实的基础。

　　土耳其的学前教育虽然不在义务教育的范围内，但是随着社会的不断发展，人们已逐渐意识到学前教育的重要性。近几年来，土耳其涌现出越来越多的关于早期儿童教育的教育机构以及出版物，学前教育入学率也在逐年上升，学前教育受到了前所未有的关注。

　　学前教育的不断发展，对学前教育保障系统也提出了更高的要求。近年来，土耳其通过增加学前教育经费投入、支持早期教育机构与组织的发展、逐步完善教师培养制度等方式，不断加强学前教育保障系统建设。

　　不难预见的是，土耳其作为一个发展中国家，随着其经济的不断发展、社会的不断进步，国家和人民都会越来越关注教育的发展。而学前教育作为土耳其国民教育体系中相对薄弱的一环，需要社会各界的共同关注和努力。

第一节 土耳其学前教育的培养目标与实施机构

一、学前教育的培养目标

学前教育机构的培养目标是在符合土耳其国家教育的总目标及原则的前提下，确保儿童的身心健康发展，并帮助其培养良好的习惯，为小学教育做好准备，为社会经济条件及家庭环境不同的儿童创造一个共同的培养环境，确保儿童可以正确且良好地使用土耳其语。

二、学前教育的重要性

儿童从来到世上的那一刻起，就以惊人的速度认识在环境中看到和听到的一切事物。学龄前期是儿童认识周围环境、培养性格及学习能力、养成行为习惯的时期，同时，也是人一生中发展最快、最高效，也最容易被外界环境影响的时期。如果这一时期儿童性格不够完善、精力不够集中，则可能会对日后的学习、生活和发展产生不利影响。因此，重视儿童学前教育，注重培养儿童的情商、智商、行为习惯，是保证儿童顺利成长的重要一步。

适当的早期教育不仅对儿童及家庭大有裨益，从社会的角度来讲，也催生了社会对于儿童早期教育的关注。

（一）学前教育对儿童自身的重要性

研究表明，婴儿从出生开始就不停地被其所处的社会文化环境所影响，周围的大人也对儿童的发展起着至关重要的作用，孩子的天赋只有在正确的引导下才能有效地显现出来。

0～6岁是儿童发展的黄金阶段，在这一阶段给予儿童适当的教育与支持对儿童的发展十分有益，因为儿童在早期接受的教育很大程度上会潜移默化地影响之后的受教育情况。但是在有些父母看来，儿童并不能感知大多数事物，也不了解周围的环境正在发生什么，因此早期教育并没有太大必要。这是一个非常错误的观念。这一时期的儿童不但有了意识，还会用他们的大脑不停地记录。因此，教育对于所有年龄段的儿童都至关重要，尤其是对于学龄前儿童，我们必须向他们提供正确和健康的信息，来引导他们对周围的环境做出更好的判断。土耳其有一句谚语是"Ağaç yaşken eğilir"，这句话从字面上理解是"小树易长歪"，其实就是告诉我们教育要趁早的道理，并从侧面反映了早期教育的重要性。

（二）学前教育对家庭的重要性

早期教育不单对儿童有益，对家庭也会产生积极的影响。

学前教育有助于减轻家庭负担。父母是孩子的第一任老师，孩子在出生之后，教育孩子的责任便落在了父母的肩上。而随着国民受教育程度整体提高以及女性劳动力的增加，母亲在工作的同时无法兼顾对孩子的照料也成了一个不可避免的问题。这时，学前教育机构的重要性就逐渐显现出来，它不仅将妇女从传统的"相夫教子"的生活模式中解放出来，也为孩子的健康成长提供了保障。

良好的学前教育有利于家庭的和谐。虽然我们说父母是孩子的第一任老师，家庭教育在儿童成长的过程中扮演着重要的角色，但是家庭教育往往存在缺乏专业性和针对性的问题。因此，专业的学前教育机构能够充分发挥自身优势，弥补家庭教育中的不足，纠正家庭教育中的问题，改善亲子关系从而使家庭的气氛更加和谐融洽。

学前教育有利于家庭间的交往。当前学前教育机构经常组织开展亲子活动，充分调动家长的积极性和主动性，带领儿童参与各种各样的活动。因而能使家庭与家庭之间、家庭与社会之间的交流更为密切，家庭的人际交往也更加广阔和深入。

（三）学前教育对社会的重要性

学前教育不仅是儿童自身发展的重要途径、家庭和谐发展的润滑剂，同时也能对社会的发展起到积极的作用。

为了使社会力量集中于幼儿发展，家庭和相关社会群体应该充分了解早期儿童教育的重要性和必要性。父母应该清楚地认识到，为儿童提供适当的早期教育及发展机会不仅对孩子有帮助，也对生活在这个社会中的每个个体有益处。因此，教育不应该只是某些人的事情，而应该是每个人都关心的问题，这是社会发展研究中一个重要的课题。当前，土耳其处在一个快速变化且不断发展的过程中，有着独特的社会文化及经济特点，注重早期儿童教育对于社会的长期利益至关重要。

学前教育的发展能够为社会带来经济利益。从人力资本论的观点来看，我们在教育中的投入，多年之后能给我们带来更多的回报。获得这样的经济回报，主要依靠提高人口的素质，通过培养人才的方式来推动经济发展，同时消除发展差异。

学前教育有助于缩小发展差异。处境不利的儿童、贫困的儿童或者是留守儿童，他们的教育资源是有限的，但是如果他们能在学前教育上得到更多的支持，那么就可以消除一些这样的发展差异，甚至可以在一定程度上阻断贫困的代际传递。

学前教育有助于解放生产力。当儿童接受学前教育之后，家长的育儿负担就能够在一定程度上得到减轻，使他们能够更好地投入工作和学习当中，从而解放了生产力，让生产力得到更好的发展。

三、学前教育的实施机构

土耳其的学前教育主要由基础教育总局下设的早期儿童教育部门负责，除此之外，还有一些机构也涉及早期儿童教育的相关事务。

（一）早期儿童教育部门

基础教育总局是国家教育部的一个重要分支，负责管理学前、小学和中学教育机构及其教育服务。早期儿童教育部门则是基础教育总局中一个重要的组成部分。该部门主要负责：提高学前教育机构中教育活动的质量，促进学前教育的发展及学前教育的普及；与相关部门协调学前教育中教育方案、教材、机构标准、预算、职业发展等方面的问题；与其他相关部门协调早期教育相关事务。

（二）儿童服务总局

儿童服务总局主要负责与儿童服务相关的事务。它的前身是社会服务与儿童保障机构（Sosyal Hizmetler ve Çocuk Esirgeme Kurumu，简称

SHÇEK），随后更名为儿童服务总局，并沿用至今。在教育方面，儿童服务总局保护儿童的各种权益，从而提高儿童的学业、体育、文化和艺术方面的成就。

（三）当代生活支持协会

当代生活支持协会是一个通过当代教育来接触当代人和当代社会的非政府组织，致力于为土耳其实现"超越现代文明水平"的目标积累知识、技能和经验。

第二节　土耳其学前教育的课程与教学

学前教育的课程设计主要由国家教育部负责，并根据实际情况不断进行更新。课程设计充分考虑儿童的发展需求，以儿童为中心，兼具科学性与实用性。除此之外，其他的政府部门、大学等也为学前教育提供了各种各样的课程与项目。

一、国家教育部学前教育项目

国家教育部的学前教育项目主要为3～6岁儿童设计，分别对3～4岁、4～5岁以及5～6岁的儿童从认知、语言、社交情感、身体素质、自理能力五个方面提出了具体的要求，确保学龄前儿童的全面发展。

认知方面的教育主要是为了培养儿童对数字、颜色、图形、物体、身体、声音以及概念等的认识与区分。如3～4岁的儿童应能从1数到10，认识颜色，辨别图形与物体，分辨性别，认识身体的各个部分，区分相反的概念等；4～5岁的儿童应从1数到20，建立数字与实物之间的联系，能遵守指向标、方向牌的指示，能将物体按照不同的特点进行比较，分辨不同的声音等；5～6岁的儿童能运用实物进行10以内的加减法运算，描述一系列物体的相对位置，建立因果关系等。

语言方面的教育主要是为了培养儿童的沟通与表达能力。如3～4岁的儿童应能造出含有3～4个单词的句子，在说话时运用名词、动词、人称代词、形容词等，能够回答关于日常生活的问题；4～5岁的儿童应能造出含有 4 ～ 5 个单词的句子，在说话时运用连词、否定词、反义词等，能够根据所讲述的小故事回答相关问题；5 ～ 6 岁的儿童应能造出含有 6 个及以上单词的句子，在说话时运用状语等，能向大人表达自己的情感及想法。

在社交情感方面，3 ～ 4 岁的儿童应能够回答和自己相关的问题，参与集体游戏，使用礼貌用语，在大人的监督下遵守规则，承担一些简单的责任等；4 ～ 5 岁的儿童应能够说出自己的姓名与年龄，有问题及时求助，在必要的情况下独立处理问题等；5 ～ 6 岁的儿童应能够说出家庭地址、父母的手机号码，独立表达自我，控制自己的情绪，适应新的环境等。

在身体素质方面，3 ～ 4 岁的儿童应能够走直线，单脚站立 4 ～ 5 秒，骑自行车前进等；4 ～ 5 岁的儿童应能够走曲线，单脚站立 7 ～ 8 秒，骑自行车转弯等；5 ～ 6 岁的儿童应能够跑着跳过障碍物，单脚站立 9 ～ 10 秒，跳绳等。

在自理能力方面，3 ～ 4 岁的儿童应能够自己吃饭，脱无扣子的衣服，收拾自己的东西等；4 ～ 5 岁的儿童应能够自己梳头发，穿衣服、脱衣服，遵守餐桌礼仪、正确使用餐具等；5 ～ 6 岁的儿童应能够自己洗脸、刷牙、洗澡，根据天气挑选合适的衣物，躲避危险等。

该项目使进入学前教育机构的儿童能够从实践中学习，使儿童的运动、社交情感、语言和认知能力得到发展，获得自理能力并为上小学做好准备。该方案不仅为儿童的发展提供了支持，同时也致力于防止儿童在某个发展领域存在缺陷，是一个兼具支持和预防的多功能方案。

二、国家教育部学前教育项目特点

国家教育部学前教育项目具有以下特点。

学前教育项目以儿童为中心。在学习过程中，教师需要给儿童尽可能多的机会来计划、组织、实施、提问、研究、讨论和制作。为了使儿童对学校、学习和研究产生兴趣，教师要培养儿童积极的自我意识，使其体验自身的价值感并与同伴和教师进行互动。此外，应给予儿童自由参加、选择活动和玩具的权利。

学前教育项目具有灵活性。该项目支持根据孩子生长环境以及家庭特点来进行个性化设计。使用该项目的教师可以自己准备、实施以及评估教育计划，这使得教师们有机会根据实际情况灵活调整教学计划。

学前教育项目具有螺旋性。所谓螺旋性，是指在学前教育阶段根据不同的需要不断地调整活动形式，使其适应当下的发展。这样可以更好地实现教学目标，强化与巩固教学成果。由于学龄前儿童正处于快速发展和变化之中，学习需要累积的过程，因此螺旋性也成为该项目得以正常实施的一个重要基础。

学前教育项目具有折中性。放眼世界各个国家的学前教育项目，我们可以发现这些项目是根据不同的方法和模型创建的。国家教育部学前教育项目则运用了多种教学理论和模型，采用以儿童为中心的做法，致力于培养符合 21 世纪要求、民族特点及需求的个体。

学前教育项目具有平衡性。由于该方案旨在以多种方式支持儿童的发展，因此在教育项目中必须平衡地处理与所有发展领域有关的目标和与之对应的方案。同样，平衡活动类型（土耳其语、数学、游戏等）、活动方式（大型团体、小组、个人）、活动地点（室内和室外）以及活动时间也十分重要。

学前教育以游戏为基础。儿童通过游戏学习，通过游戏认识自己以及自己所生活的世界，通过游戏表达自己，并在游戏中获得批判性思维能力。游戏是儿童的语言，换句话说，游戏就是儿童的工作。在讨论项目中的目标和与之对应的方案时，游戏作为教学方法或教学活动的作用不容忽视，通过游戏进行学习，被视为该项目和学前教育中不可分割的组成部分。

学前教育重视探索性学习。在探索性学习中，重要的是儿童要积极参与学习过程，将他们学到的知识迁移到不同的情景下，并在适当的情况下运用它们。该项目鼓励儿童认识周围发生的事情，询问他们感兴趣的问题，通过玩耍、探索和发现达到学习的目的。

学前教育重视创新发展。教育者应该为儿童创造机会，使其在适合他们学习需求和学习方式的环境中以不同的、真实的方式表达自己。为此，应在学习过程中充分尊重个体差异，使用不同的材料、方法、技术，因材施教。整个项目都十分强调创造力的重要性，它作为整体的一部分贯穿整个教育体系，当然这同时也要求教师发挥创造力开展教学工作。

学前教育鼓励教育日常化、生活化。该项目将教育融入日常生活的点点滴滴中，这样既可以丰富儿童的知识又可以简化教育过程。充分利用周围环境进行教育，在保证多样性的同时也保障了经济利益。因此，对于教师来说，了解周围的环境以及学生的生活经历非常重要，忽略个体与环境的差异则违反了最根本的原则。

课题是方法不是目的。学前教育为实现其教育目的，可以在制订教育计划的过程中使用各种课题，但是教学过程并不能以课题为教育中心。因为学前教育的真正目的并不是给儿童灌输枯燥的知识，而是帮助他们在实际生活中运用知识。

学前教育重视学习中心的组织。学习中心是儿童的学习空间，中心通过划分不同的区域来满足儿童的个性化需求，同时也便于进行小组互动和游戏。儿童在自由轻松的环境中能够得到更好的提升，也能更好地展示自身的能力。学习中心既可以在室内也可以在室外组织。

学前教育重视文化和价值观培养。对于儿童来说，认识到他们所生活的社会的价值观，并能认同社会文化，对于帮助他们成长为具有责任感的个人是十分重要的。在这一点上，该项目鼓励尊重多元文化与个体差异，帮助每个人在差异中和谐相处。在该项目中，价值观教育并没有被列为一个单独的领域，而是贯穿于整个教育体系。

学前教育重视家庭的参与。教育存在于生活的方方面面，而不仅仅是学校里或者是课堂内。家庭参与到教育中来，是对学校与家庭之间的教育连续性的重要支持，能确保孩子所获得的知识、技能和态度的持久性。

学前教育重视多角度评估。学前教育是一个过程，而非一个结果，因此对该过程的多角度评估也成为该项目的重点。在评估中，学生、项目与教师的自我评估是相互交织的，因此，从一个评估中获得的发现也可以用于另一个评估中。

保障有特殊需求的儿童的权利。学前教育项目的目的之一就是为所有的儿童提供平等的学习与升学机会，这其中当然包括有特殊需求的儿童。教师应该根据有特殊需求儿童的具体情况为其安排适当的活动。除了对活动进行适当的调整，教师还应实施个性化教育方案，并在对活动做出改动的同时给出与改动相关的解释。这些措施旨在使有特殊需求的儿童融入整个教育体系。

学前教育重视指导服务。教师与辅导员的协作对于支持儿童的发展和以健康的方式进行团队合作非常重要。这种合作在学前教育中会起到很大的作用。

三、其他学前教育项目

（一）母亲－儿童教育方案

母亲－儿童教育方案由非正式教育总局主管，是一个提倡每周在公共教育中心进行 3 小时课程并持续 25 周的教育方案。这一方案针对家庭经济条件不佳且未上幼儿园的 6 岁儿童及其母亲。该方案包括三个部分：母亲资助方案、精神资助方案、生殖健康及家庭计划。

（二）家庭子女教育方案

该方案由农业部、社会服务与儿童保护局总局以及教育和科学工作者工会，在联合国儿童基金会的支持下，在国家教育部的协调下，为 0～6 岁家庭条件不佳的儿童及其家庭提供服务。该方案包括两个部分：家庭教育计划和发展教育计划。

（三）亲子教育项目

该项目是由国家教育部女子技术教育总局于 1997—1998 学年发起的，旨在培养年轻女性、准妈妈、准爸爸等。该项目在土耳其国内 81 个城市持续进行，5 年内的参与人数达到了 1 399 741 人。

（四）家长学校

家长学校是伊斯坦布尔大学哈桑·阿里·尤塞尔教育学院开设的一个总时长为 33 小时的教育项目。该项目涵盖了婴儿期、学龄前时期、儿童后期、青春期等时期内儿童性教育、沟通方式、儿童的适应能力和行为障碍、父子关系等各种各样的话题。除伊斯坦布尔外，有 23 个省也开展了这一教育项目，有超过 16 000 名父母参加。

（五）当代生活支持协会在学前教育方面的工作

（1）为学前班添加设备。协会为学前班配备了书籍、教具、玩具等必需品，同时为学校建造了花园、游戏场地，并建立了一个拥有 4～5 间教室的幼儿园。

（2）为学前教育项目提供支持。为孩子提供教育，对在职教师进行培训。

（3）实施幼儿发展项目。该项目是在社会服务与儿童保障机构的领导和支持下进行的。一些从女子职业高中毕业的教育者在暑期为孩子们提供学前教育。1999 年以来，已经有 8 500 名儿童通过这种方式受到了学前教育。

同时，该项目与伊斯坦布尔大学哈桑·阿里·尤塞尔教育学院学龄前教育部门合作，对巴特曼省①的100名儿童进行了为期2个月的全日制教育。

（4）实施家长教育。在大学专家的支持下，参加幼儿发展项目的家庭举行了信息会议，讨论计划生育、儿童发展和儿童健康方面的问题。

（六）母子教育协会在学前教育方面的工作

（1）母子教育计划。该计划强化了学龄前儿童的母亲角色，支持孩子的认知发展。迄今为止，已有18万名母亲和儿童受益于该计划。在该计划范围内创建的"母亲支持计划"是针对3～9岁儿童的母亲开展的为期10～13周的培训计划。该计划旨在促进儿童的成长，加强儿童与母亲的关系，并向母亲提供有关儿童发展和养育的信息和支持。

（2）学前亲子项目。该项目旨在通过加强学校与家庭之间的合作，确保学前教育的可持续性与完整性。该项目惠及1.4万人。

（3）夏季幼儿园和母亲支持计划。该计划主要受众是处于社会经济条件不佳地区的5～6岁儿童。该计划旨在通过支持这些儿童在个人、社会及身体方面的发展，为他们提供平等的教育机会。除此之外，该计划还尤其重视女童的教育问题，让女童的教育也得到相应的保障。与此同时，该计划也会给予参加夏季幼儿园的家庭一定的援助。

（4）家庭与儿童教育中心冬季计划。这是一个在迪亚巴克尔市进行的为期24周的计划，该计划主要是为了帮助学龄前儿童做好接受教育的准备，并且为母亲提供"母亲支持计划"。

（5）父亲支持计划。该计划旨在促进2～10岁的孩子与父亲进行更紧密、更正确的沟通，加强父亲在儿童护理及健康方面的认识。迄今为止，该计划已使9 200人受益。

（6）家庭书信项目。之所以称该项目为"书信项目"，是因为它是由30封书信组成的。这30封书信中讨论了孕期、生育、儿童身心发展等多个话题，为准妈妈及0～3岁婴幼儿的母亲提供科学正确的信息。

（7）亲子交流研讨会。亲子交流研讨会是一个针对0～14岁儿童和少年的家庭设计的短期教育研讨会，会议涉及诸如养育子女的态度、与孩

---

① 巴特曼：Batman，土耳其东南部省份。

子的沟通、家庭在抚养孩子中的作用以及积极的管教方法等问题。

（8）"7 岁就晚了"活动。正如这一活动的名字所说的那样，该活动旨在提高公众对 0～6 岁年龄段教育的重要性的认识，并为更多处于这一阶段的儿童提供学前教育服务。

（七）妇女和儿童中心项目

该项目由妇女劳动协会和社会服务与儿童保障机构联合创立。在该项目的帮助下，开设了一些满足母亲及妇女需求的小区之家或游戏室等公共活动场所，家庭也更积极地参与到教育当中。同时，该项目还为母亲及女性提供了社会及经济方面的教育。该项目每年都会帮助新建一批像这样的妇女和儿童中心，惠及 1 000 多名妇女儿童。

（八）开放式学前教育项目

该项目自 1994 年 6 月起在全国范围内推广，主要由两部分组成：专家为父母答疑解惑、相关书籍推荐。

（九）多功能学前教育中心

该中心由国家教育部、联合国儿童基金会、库科切梅切区政府和马尔马拉大学共同在伊斯坦布尔建立，由五个部门组成：学前教育部门、成人教育部门、家庭咨询部门、调查研究部门和教材开发部门。其中学前教育部门下设一个独立幼儿园和一个流动幼儿园。这也是流动幼儿园第一次在实践中发挥作用。到目前为止，在布尔萨、居米什哈内、科尼亚、马拉蒂亚等地也可以看到流动幼儿园的身影。该中心主要为 3～6 岁的儿童提供教育，为幼师提供培训，为父母提供指导。

（十）视频－父母教育项目

这一教育项目主要针对 0～3 岁孩子的父母，以短视频、微电影的形式为该阶段的父母提供适合此年龄段儿童发展特征的教育计划。

（十一）看护人教育计划

这是一个为了满足在职母亲照顾孩子的需求而设计的教育方案。该方案由国家教育部、劳动与社会保障部及社会服务与儿童保障机构合作创立，同时也是这三个部门合作创立的第一个项目。该项目已在需求最大的 24 个住宅单位实施，并对 800 多名母亲进行了培训。由马尔马拉大学妇女劳动就业中心和学前教育部门共同组织的"育儿计划"也可以算作这一类。

与之类似的还有一个名为"0～6岁儿童保育人员培训计划"的项目。该项目是在教育科学家协会的协助以及欧洲委员会的资助下实现的。主要目的是培训生活在贝西克塔斯区的失业女性和家庭主妇，从而帮她们找到工作，并缓解教育领域可用人才短缺的问题。

（十二）早期儿童教育项目

该项目旨在为幼儿和看护者创造优质的学习环境，并维护儿童学龄前时期的受教育权。

（十三）夏令营

近年来，一些地方政府、大学和非政府组织放宽了夏令营的年龄限制，一些主要为初等、中等教育阶段学生设计的文体教育项目也开始接受学前教育阶段的孩子参加。

（十四）电视学前教育计划

《芝麻街》是一档为儿童开发的有趣的教育节目，这档节目在土耳其的电视台上播放了很长时间。播放这档节目的主要目的是让5～6岁儿童掌握必要的基本技能，做好入学准备。此外值得注意的是，虽然这档节目主要针对5～6岁儿童，但是有时让一些年龄更大的孩子甚至是成年人也受益颇深。

除此之外，《你愿意和我玩吗》也是一档关注儿童的电视节目。这档电视节目主要是为了促进儿童的心理、身体、社交和情感发展，同时提高其父母的教育意识。

第三节　土耳其学前教育的保障体系

教育的发展离不开完善的保障制度，经费保障和师资力量是其中最为基础也最为重要的部分。本节通过横向以及纵向的比较，分析土耳其学前教育的经费投入、支出情况以及存在的一些问题，同时，通过教师培养系统中的几次大变革，分析学前教育师资力量的情况。

一、经费保障

（一）学前教育经费投入情况

土耳其学前教育经费主要来自政府的财政性教育经费，以及来自私人的非财政性投入。根据土耳其统计局的数据，2011—2018 年学前教育经费投入逐年增加，不论是政府还是私人都在逐渐增加对学前教育的投入，而其中政府的投入约占总投入的三分之二，是学前教育经费的主要来源。

以 2018 年为例，见表 4-1 所示，公共教育经费投入占总投入的 74.48%，其中中央政府投入占总投入的 73.41%，是学前教育经费的最主要来源。私人教育经费投入占总投入的 27.48%，其中家庭投入占总投入的 15.84%，是除中央政府投入外，学前教育的第二大经济来源。

表 4-1　2018 年学前教育经费投入情况（按财政来源分类）

财政来源		金额 / 百万里拉	总体占比 /%
公共（D）	中央政府（M）	9 948	73.41
	地方政府（Y）	146	1.08
	公共总计（M+Y）	10 094	74.48
私人（P）	家庭（H）	2 146	15.84
	私人机构（Ö）	1 635	12.06
	私人机构流向家庭（T_1）	57	0.42
	私人总计（H+Ö−T_1）	3 724	27.48
国际（U）		2	0.01
政府流向家庭（T_2）		268	1.98
总计（D+P+U−T_2）		13 552	100.00

〔资料来源：TÜİK. Finans Kaynağı ve Eğitim Düzeylerine Göre Eğitim Harcamaları, 2011—2020[EB/OL].(2021−12−08)[2022−08−26]. https://data.tuik.gov.tr/Kategori/GetKategori?p=egitim−kultur−spor−ve−turizm−105&dil=2.〕

（二）学前教育生均教育经费支出情况

土耳其国家统计局的数据显示（见表 4-2），在 2011—2018 年间，学前教育生均教育支出呈现逐年增长的趋势。但是由于里拉贬值，如果以美元为尺度来看，学前教育生均教育支出其实是维持在一个相对稳定的状态，稍有下降的趋势。

表 4-2 2011—2018 年学前教育生均教育经费支出

支出	年份							
	2011 年	2012 年	2013 年	2014 年	2015 年	2016 年	2017 年	2018 年
生均教育支出 / 里拉	3 528	4 461	4 980	5 893	6 078	7 062	7 328	8 804
生均教育支出 / 美元	2 103	2 477	2 614	2 689	2 231	2 333	2 005	1 826

（资料来源：TÜİK. Eğitim Düzeylerine Göre Öğrenci Başına Eğitim Harcaması, 2011—2020 [EB/OL].(2021–12–08)[2022–08–26]. https://data.tuik.gov.tr/Kategori/ GetKategori?p=egitim–kultur–spor–ve–turizm–105&dil=2）

二、师资队伍建设

有关早期教育的研究显示，如果在儿童时期为其提供更多的机会，他们自身就可以得到更加充分的发展。而学龄前教师在这一过程中扮演着至关重要的角色。

（一）学前教育教师培养发展历程

土耳其学前教育师资的培养起步较早，早在 1896 年便开始这方面的工作。1915 年，土耳其第一所幼儿师范学校成立，学制为 1 年。1927 年，又将学制延长至 2 年。[①]

1973 年，土耳其实施《国家教育基本法》后，学前教育师资的培养步入高等院校和大学化的新阶段。根据该法律，教师必须毕业于更高学术水平的教育学院。小学教育的教师培养方案转变为在原来初等教育的基础上还要再多增加两年。毕业于这些学院的学生将会被聘任为小学的班主任。

1981 年，土耳其建立了统一的高等教育体系，教师培养系统也随之发生变化。1980—1981 年，土耳其启动 2 年制的学前教育师资培养方案。1991—1992 年，又启动 4 年制的培养方案。自此，在大学教育学院接受 4 年职前教育，成为土耳其幼儿教师入职的最低学历要求。不过当时土耳其相关部门并未出台统一的学前师资培养方案，每个教育机构均可决定自己的课程，教育结果导致学前教育师资合格标准的差异化。[②]

---

① 周红. 土耳其学前教育的特色、发展目标及启示 [J]. 外国教育研究，2013（6）：17-23.
② 同①.

为使学前教育师资的培养更加规范，土耳其高等教育委员会于 1998 年出台了新的学前教育教师教育计划。这次改革统一了公立与私立大学的合格学前教育师资培养标准，并规定学校的招生对象为大学入学考试成绩达到一定标准的高中毕业生。教师教育课程的内容分为教学设计、通识教育课程、学科领域课程三个方面的必修课程。学生 4 年内修满课程学分，完成教学实践，才可顺利毕业成为合格的幼儿教师。在培养学前教育师资的过程中，土耳其各大学教育学院实行了非常灵活的计划。例如，为满足不同学生群体的需求，设立了日制、夜制、远程等教育模式；针对儿童发展与教育、护理、看护服务、小学教育等非学前教育专业，也设立了一些短期的学前教育教师资格证书计划。①

2006 年，高等教育委员会开始新一轮的教师教育课程改革，改革对学前教育教师教育课程的内容进行了新的调整，以满足教育机构、家庭和社会等对高质量教育的需求。新方案中，教学专业课程由原来的 10% 增加到 27%，通识课程也从原来的 23% 增加到 25%，而学科领域课程的比例由原来的 67% 降到 48%。（见表 4-3）

表 4-3　2006 年土耳其学前教育教师教育课程方案

第一学期			第二学期		
课程类型	课程名称	学分	课程类型	课程名称	学分
AE	学前教育导论	3	AE	妇幼卫生与急救	3
AE	人体解剖学与生理学	3	GK	土耳其语 2：口语表达	2
AE	心理学	2	GK	土耳其革命历史与凯末尔主义 2	2
GK	土耳其语 1：书面表达	2	GK	计算机 2	3
GK	土耳其革命历史与凯末尔主义 1	2	GK	外语 2	3
GK	计算机 1	3	GK	教育哲学	2
GK	外语 1	3	MB	教育心理学	3
MB	教育学导论	3			
总计		21	总计		18

---

① 周红.土耳其学前教育的特色、发展目标及启示 [J].外国教育研究，2013（6）：17-23.

续表

第三学期			第四学期		
课程类型	课程名称	学分	课程类型	课程名称	学分
AE	母婴营养	2	AE	儿童发展2	3
AE	儿童发展1	3	AE	儿童文学	2
AE	创新与发展	3	AE	数学教学	3
AE	儿童游戏开发	2	AE	儿童心理健康	3
AE	选修1	3	AE	戏剧文学	3
GK	教育社会学	2	GK	土耳其教育史	2
MB	教学原则与方法	3	MB	教学技术与材料设计	3
总计		18	总计		19
第五学期			第六学期		
课程类型	课程名称	学分	课程类型	课程名称	学分
AE	体育与游戏	3	AE	教学方法2	3
AE	音乐1	2	AE	音乐2	3
AE	科学	3	AE	教材发展	3
AE	视觉艺术	3	GK	有效沟通	3
GK	统计	2	GK	科研方法	2
MB	班级管理	2	GK	社区服务实践	2
MB	教学方法1	3	MB	特殊教育	2
MB	见习	3	MB	测量与评估	3
总计		21	总计		21
第七学期			第八学期		
课程类型	课程名称	学分	课程类型	课程名称	学分
AE	家庭教育	2	AE	初等教育准备	2
AE	研究课题1	2	AE	研究课题2	2
AE	选修2	2	AE	选修3	3
GK	选修	3	AE	选修4	2
MB	指导	3	MB	土耳其教育体系与学校管理	2
MB	教学实践1	5	MB	教学实践2	5
总计		17	总计		16

注：AE为学科领域课程，GK为通识课程，MB为教学专业课程。

2018年，土耳其高等教育委员会发布了最新的教师培养方案。该方案也一直延续至今。与之前相比，最新的培养方案在课程总量以及各类课程所占比例上都做出了一定调整。（见表4-4）

表4-4　2018年土耳其学前教育教师教育课程方案[①]

第一学期			第二学期		
课程类型	课程名称	学分	课程类型	课程名称	学分
MB	教育学导论	2	MB	教育社会学	2
MB	教育哲学	2	MB	教育哲学	2
GK	土耳其革命历史与凯末尔主义1	2	GK	土耳其革命历史与凯末尔主义2	2
GK	外语1	2	GK	外语2	2
GK	土耳其语1：书面表达	3	GK	土耳其语2：口语表达	3
GK	信息技术	3	GK	选修1	2
AE	学前教育导论	3	AE	儿童发展	3
AE	儿童健康与急救	2	AE	婴儿发展与教育	2
总计		19	总计		18
第三学期			第四学期		
课程类型	课程名称	学分	课程类型	课程名称	学分
MB	土耳其教育史	2	MB	教学技术	2
MB	教育研究方法	2	MB	教学原则与方法	2
MB	选修1	2	MB	选修2	2
AE	选修1	2	GK	选修2	2
AE	学前科学教育	3	GK	社区服务实践	1
AE	学前数学教育	3	AE	选修2	2
AE	学前教育方案	3	AE	学前音乐教育	3
			AE	学前游戏发展与教育	3
			AE	学前戏剧教育	2
总计		17	总计		19

[①]　YÖK. Okul Öncesi Öğretmenliği Lisans Programı [R/OL].[2020-10-3]. https://www.yok.gov.tr/Documents/Kurumsal/egitim_ogretim_dairesi/Yeni-Ogretmen-Yetistirme-Lisans-Programlari/Okul_Oncesi_Ogretmenligi_Lisans_Programi.pdf.

续表

第五学期			第六学期		
课程类型	课程名称	学分	课程类型	课程名称	学分
MB	土耳其教育系统与学校管理	2	MB	教育道德与伦理	2
MB	测量与评估	2	MB	班级管理	2
MB	选修 3	2	MB	选修 4	2
GK	选修 3	2	GK	选修 4	2
AE	选修 3	2	AE	选修 4	2
AE	学前艺术教育	3	AE	学前环境教育	3
AE	儿童认识与评估	3	AE	儿童心理健康	3
AE	幼儿学习方法	3	AE	学前儿童文学	2
总计		19	总计		18
第七学期			第八学期		
课程类型	课程名称	学分	课程类型	课程名称	学分
MB	教学实践 1	2	MB	教学实践 2	2
MB	指导	2	MB	特殊教育与融合	2
MB	选修 5	2	MB	选修 6	2
AE	选修 5	2	AE	选修 6	2
AE	性格与价值观教育	2	AE	学前教育政策	3
AE	适应学校与学前读写能力教育	3			
总计		13	总计		11

注：AE 为学科领域课程，GK 为通识课程，MB 为教学专业课程。

（二）学前教育教师应具备的能力

由于学前教育对象的特殊性，幼师往往需要具备一些特殊的能力。

首先，学前教育教师要尽可能地帮助儿童获得心理、社交、语言、认知以及自我保健能力。一个合格的学前教育教师应能够准确地对教育计划和儿童的成长做出判断，从而促进他们的发展并提高教育计划的有效性。

其次，学前教育教师还应具备聆听、感同身受、沟通和计算机操作能力。

最后，学前教育教师还要善于培养儿童的观察能力以及运用不同方法解决问题的能力，鼓励他们发挥自己的创造力，向他们灌输审美意识并培养辨别能力。

学前教育教师是否具备这些能力，主要取决于他们所接受的职前教育。他们在教师培训中获得的经验对他们的专业发展和素质有很大的影响，而参加的教师培训课程的类型、内容和持续时间等则对他们的专业能力起着重要的作用。

（三）学前教育师资力量现状

师资短缺是土耳其教育面临的最大问题。而学前教育作为整个土耳其教育系统中相对薄弱的一环，这一问题显得尤为突出。2009—2019 年，土耳其学前教育净入学率不断增长，但仍未达到 40%。在入学率如此低的情况下，师生比例基本维持在 1∶17 左右，这一数据与 OECD（经济合作与发展组织）其他成员国相比仍有较大差距。《2015 年教育概览》指出，OECD 成员国学前教育平均师生比为 1∶14。[①]

---

① 　ÖNDEŞ Ö. OECD: Türkiye Okul Öncesi Eğitimi Dikkate Almalı [N/OL]. （2015-11-30）[2020-10-13]. https://www.hurriyet.com.tr/egitim/oecd-turkiye-okul-oncesi-egitimi-dikkate-almali-40020673.

第五章 土耳其基础教育

土耳其的基础教育又称义务教育，分为初等教育和中等教育两部分。初等教育包括小学教育和初中教育，中等教育即高中教育。"义务"即该阶段教育是所有适龄儿童、少年必须接受的教育，也是国家必须予以保障的公益性事业。基础教育作为土耳其国民教育体系中涵盖范围最广、涉及人群最广泛的一部分，事关儿童和少年健康成长、国家发展、民族未来。本章从土耳其基础教育的培养目标与实施机构、课程与教学以及保障体系三个方面介绍土耳其基础教育的基本情况。

第一节　土耳其基础教育的培养目标与实施机构

一、基础教育的培养目标

（一）初等教育

义务初等教育的范围涵盖 5 ~ 14 岁年龄段的儿童，到当年 12 月 31 日，已满 66 个月的孩子将会进入小学 1 年级就读。当然这也取决于孩子的成长状况，不管是提前上学还是延迟上学，都要受到相关法律法规的约束。

初等教育的目标和职责是在符合国民教育的总体目标和基本原则下，使每个土耳其儿童掌握公民所需的基本知识、技能，并培养他们养成良好的行为习惯；培养土耳其儿童的兴趣与能力，使他们为今后的生活以及学习做好准备；在初中教育的末期为学生提供有关高中教育的指导信息，包括不同类型的高中及其所对应的相关课程，以及不同类型的高中所对应的不同的就业方向、生活方式的相关信息。

（二）中等教育

中学教育即高中教育，分为普通高中教育、职业技术高中教育等。

中等教育的目标和职责是在符合国民教育的总体目标和基本原则下，为所有学生提供中等教育水平的通识教育，从而使学生对个人和社会问题产生一定的认识，寻求解决方案并为国家的经济、社会和文化发展做出贡献；根据学生在不同学校、学科中表现出的兴趣与能力，帮助学生为接受高等教育或职业高等教育、投入未来的生活和工作做好准备。与此同时，处理好学生的需求与社会需求之间的矛盾。

二、基础教育的实施机构

（一）初等教育

初等教育由国家教育部下设的基础教育总局负责。基础教育总局设有以下部门。

教学项目与教材部门主要负责编写、完善、更新学前教育和初等教育机构中的教育培训计划；根据总局的教育政策和策略，准备教科书、学生作业簿、教师指南和教育培训材料；开展与学前教育以及初等教育相关的教科书、作业簿、教师指南以及培训材料相关的研发计划。

研发与项目部门主要负责开展相关政策的研究与完善工作，这将为教育政策的制定做准备；与相关国家和国际机构组织合作，筹备并开展教育项目；计划并实施有助于提高服务效率的项目；监督各种机构在基础教育领域的研究项目，并对项目进行评估。

监督与评估部门主要负责监督并评估教育培训计划的实施过程；监督并评估国内外教育进程；监督并评估促进学生学业发展的项目；对总局管理范围内的问题进行调研，并为想要开展调研工作的人员发放相关许可证；在总局管理范围内，开展与人员有关的司法行政案件的法律事务和程序；处理总局所属机构相关人员的纪律、检查和调查事务；准备总局所需的统计信息。

学生事务与社会活动部门主要负责组织进行学生的配额、注册、录取和转学工作，做好学生在国内外进行社会、文化和体育活动的协调工作，开展与留学生有关的工作，在特定节日、活动开展相关活动，组织与中央系统举行的普通考试有关的工作，完成留学生获得的学习文件、文凭、证明和其他相关文件的认定工作。

行政与财务部门主要负责将总局所获得的中央预算分配给各个学校；负责户口登记、文书写作和行政服务工作；处理财务、法律事务以及工作人员的薪金发放等相关财务问题；开展与民防和安全服务有关的工作；根据机密性、优先级和重要性，对总局收到的档案进行分类和注册，通过文件管理系统将文件发送到相关部门，并将与总局工作无关的档案退回给相关部门；执行总局各单位的安置、安全、清洁、安排和布局相关工作；执行对总局所需的动产进行识别、供应、登记、维护、修理和分配及挪用有关的工作。

寄宿学校规划部门主要负责管理寄宿学校的开放、关闭、投资与设备规划等相关事务；核实寄宿学校的寄宿预算，根据预算和行政与财务部门合作发放资金；提高寄宿学校的服务质量；开展与初等教育相关的奖学金事务。

教育政策部门主要负责制定和实施学前教育和初等教育的政策和策略，开展与新政策相关的立法研究，根据总局的工作情况确定所需的政策，开展创造教育机会和促进机会均等的相关研究，协调教育教学活动。

教育环境与教学发展部门主要负责改善教育环境和学习过程；确定学前教育和初等教育机构的服务和设备标准；尽可能缩小学校之间的教学质量差异；发展以学生为中心的教育项目，并鼓励该类项目的实施；加强学校和机构文化建设；通过职业培训提高人力资源储备；执行向国家教育部提交的有关开放和关闭学前教育和初等教育机构的工作。

（二）中等教育

中等教育由国家教育部下设的中等教育总局负责。中等教育总局的组织结构如图 5-1 所示。

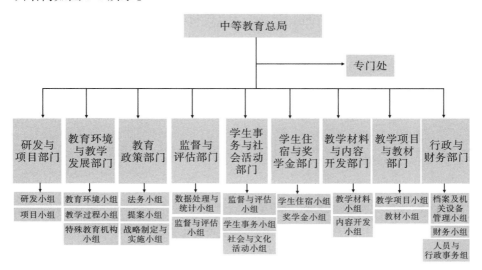

图 5-1 中等教育总局的组织结构

（资料来源：MEB.Ortaöğretim Genel Müdürlüğü Teşkilat Şeması [EB/OL].[2020-06-05]
http://ogm.meb.gov.tr/www/teskilat_semasi.php. ）

虽然中等教育总局的管理范围与基础教育总局不同，但是二者在职能的划分上基本相同。相比于基础教育总局，中等教育总局对各个部门的职责进行了细化，更加强调了网络及线上教育在中等教育中的重要性，加强了与教育技术部门的合作。

第二节　土耳其基础教育的课程与教学

土耳其基础教育小学阶段主要开设科学、算术、社会科学、土耳其语、美术、音乐和体育等课程。

初中属于衔接小学和高中的中间阶段，设土耳其语、数学、社会科学、科学、外语、音乐和体育等必修课程及若干选修课。

高中阶段既有四年制普通高中，也有卫生、商业、农业等职业技术高中。普通高中除设学术课程外，还强调外语教学，英语、法语和德语均可作为教学语言。职业技术高中强调技术类专业课的学习，主要培养学生掌握某项专门技能的能力，使他们毕业后能顺利就业或升入四年制的高等专科学院。

在义务教育阶段，土耳其所有学校都开设宗教文化和道德课程，以传承本国历史文化，增强学生的民族认同感。4～8年级每周开设两个小时的宗教教育课；9～12年级每周开设一小时的宗教教育课。[①]

一、学校类型
（一）初等教育

初等教育分为小学教育和初中教育。其中公立学校的小学教育全国统一，没有类型之分，所有的学生接受同样的教育。到了初中，学校分为普通初中和宗教初中。宗教初中在普通初中必修课的基础上增加了如《古兰经》、先知生平、阿拉伯语、基础宗教知识等课程，宗教初中的必修课课时多于普

---

① 白娴棠.神圣与世俗的融合：土耳其与伊朗中小学的宗教教育实施现状 [J].世界宗教文化，2016（5）：56-60，158.

通初中，但其选修课课时要求相对较低，因此二者课时总量相近。[①]

（二）中等教育

到了中等教育阶段，也就是高中教育阶段，学校的类型开始变得多样。这样一方面能让学生的特长得到一定程度上的展现，另一方面也帮助国家培养更多专业型人才。中等教育的学校类型主要有阿纳多卢高中、科学高中、社科高中、伊玛目－哈提甫高中、职业技术高中、艺术高中以及体育高中。其中前三类高中主要针对要参加全国统一考试，继续到大学深造的学生；后四类则更像是职业高中，但部分项目的毕业生也有机会进入大学学习。

阿纳多卢高中的培养对象主要是未来准备参加全国统一考试的学生，教育年限一般为四年，但也有一些专业需要学生多读一年预科。

科学高中的培养对象主要也是未来准备参加全国统一考试的学生，但与阿纳多卢高中不同，科学高中更加重视理工科的培养，高中毕业后，学生一般会选择理工科专业就读。

社科高中与科学高中对应，重视社会人文学科培养，高中毕业后，学生一般会选择社会人文学科专业就读。

伊玛目－哈提甫高中，即宗教高中，由国家教育部开设，旨在培养伊玛目、宣教士、《古兰经》讲师等宗教服务人员。宗教高中既有职业教育项目，又有为高等教育设计的教育项目。

职业技术高中分为职业方向与技术方向，前者毕业后基本直接步入社会，后者有机会接受高等教育。

艺术高中与体育高中旨在培养在艺术或体育领域有突出能力的学生。根据艺术类型的不同，艺术高中又分为美术、音乐等类别，培养课程也会随之改变。

二、课程设置

（一）初等教育

在小学开学后，入学儿童首先参加为期 3 个月的学校准备项目；从 2

---

① 普通初中周课时为 35 小时，其中必修课 29 小时、选修课 6 小时；宗教初中周课时为 36 小时，其中初一至初三必修课 35 小时、选修课 1 小时，初四必修课 34 小时、选修课 2 小时。

年级起，学生开始上外语课；从4年级起，增加宗教文化和道德课程。此外，他们还将接受更多视觉和听觉方面的培训课程。学生在完成小学教育后即开始接受初中教育。初中教育旨在让学生作为一个自由的个体，对社会、民主等概念产生自己的见解。初中教育还提供职业或学生技能方面的培训，因此开设了选修课。在初中，选修课包括宗教、道德与价值观，语言与表达，外语，科学与数学，艺术与体育和社会科学。学生可以从他们感兴趣的领域中选择想要学习的课程，选修课要求每周6课时的学习。

公立学校的初等教育课程计划与周课时要求见表5-1所示，初中教育选修课程计划与周课时安排见表5-2所示。

表5-1　初等教育课程计划与周课时要求

单位：课时

课程		小学				初中			
		1年级	2年级	3年级	4年级	初一	初二	初三	初四
必修课	土耳其语言文学	10	10	8	8	6	6	5	5
	数学	5	5	5	5	5	5	5	5
	生命科学	4	4	3					
	科学			3	3	4	4	4	4
	社会科学				3	3	3	3	
	土耳其共和国革命史与凯末尔主义								2
	外语		2	2	2	3	3	4	4
	宗教文化与道德伦理				2	2	2	2	2
	视觉艺术	1	1	1	1	1	1	1	1
	音乐	1	1	1	1	1	1	1	1
	体育与游戏	5	5	5	2				
	体育与运动					2	2	2	2
	科技与设计							2	2

续表

课程		小学				初中			
		1年级	2年级	3年级	4年级	初一	初二	初三	初四
必修课	交通安全				1				
	信息技术与软件					2	2		
	职业规划与辅导								1
	人权、公民权与民主				2				
必修课总计		26	28	28	30	29	29	29	29
选修课总计						6	6	6	6
自由活动		4	2	2					
课程总计		30	30	30	30	35	35	35	35

（资料来源：İlköğretim Kurumları （İlkokul ve Ortaokul) Haftalık Ders Çizelgesi'nde Değişiklik Yapılması[EB/OL].[2021-07-20] http://ttkb.meb.gov.tr/meb_iys_dosyalar/2021_08/25102204_ilkokul_ortaokul_hdc.pdf. ）

表 5-2 初中教育选修课程计划与周课时安排

单位：课时

课程		初一	初二	初三	初四
宗教、道德与价值观	《古兰经》	2	2	2	2
	先知生平	2	2	2	2
	基础宗教知识	2	2	2	2
语言与表达	阅读	2	2		
	写作	2	2	2	2
	生活语言与方言	2	2	2	2
	交流与演讲			2	2

续表

课程		初一	初二	初三	初四
外语	外语	2	2	2	2
科学与数学	科学应用	2	2	2	2
	数学应用	2	2	2	2
	环境教育			2	2
	信息技术与软件			2	2
艺术与体育	视觉艺术（绘画、传统艺术、造型艺术等）	2/（4）*	2/（4）	2/（4）	2/（4）
	音乐	2/（4）	2/（4）	2/（4）	2/（4）
	体育与体育活动	2/（4）	2/（4）	2/（4）	2/（4）
	戏剧	2	2		
	智力游戏	2	2	2	2
社会科学	民俗文化	2	2	2	2
	城市	2	2	2	2
	土耳其历史				2
	媒体文化			2	2
	司法与法律		2	2	2
	思维教育			2	2

（资料来源：İlköğretim Kurumları（İlkokul ve Ortaokul）Haftalık Ders Çizelgesi'nde Değişiklik Yapılması[EB/OL].[2021−07−20] http://ttkb.meb.gov.tr/meb_iys_dosyalar/2021_08/25102204_ilkokul_ortaokul_hdc.pdf. ）

注：* 可选择 2 课时课程或 4 课时课程。

（二）中等教育

中等教育阶段的课程主要由必修课、选修课以及指导规划课三部分组成。[①] 与初等教育不同，中等教育的必修课会根据学校类型的不同而做出内

---

① 宗教高中与职业技术高中在这三部分的基础上增加了职业培训的内容。

容以及学时上的修改，但是土耳其语言文学、宗教文化与道德伦理、历史、土耳其共和国革命史与凯末尔主义等课程是统一的。此外，各类型学校的选修课程大概包括语言与表达、科学、社会科学、宗教道德、外语、体育、艺术以及信息技术几个门类。

以最为普遍的阿纳多卢高中为例，其课程设置与课时要求见表5-3所示。

表 5-3　阿纳多卢高中课程计划与周课时要求

单位：课时

课程		高一	高二	高三	高四
必修课	土耳其语言文学	5	5	5	5
	宗教文化与道德伦理	2	2	2	2
	历史	2	2	2	—
	土耳其共和国革命史与凯末尔主义	—	—	—	2
	地理	2	2	—	—
	数学	6	6	—	—
	物理	2	2	—	—
	化学	2	2	—	—
	生物	2	2	—	—
	哲学	—	2	2	—
	第一外语	4	4	4	4
	第二外语	2	2	2	2
	体育	2	2	2	2
	美术／音乐	2	2	2	2
	健康与交通知识	1	—	—	—
必修课课时总计		34	35	21	19

续表

课程	高一	高二	高三	高四
选修课课时总计	5	4	18	20
指导与规划	1	1	1	1
课时总计	40	40	40	40

（资料来源：MEB.Ortaöğretim Kurumları Haftalık Ders Çizelgelerinde Değişiklik Yapılması [EB/OL].[2022-05-30]. https://ttkb.meb.gov.tr/meb_iys_dosyalar/2022_01/19094445_OrtaoYretim-hdc-2022-2023.pdf.）

第三节　土耳其基础教育的保障体系

一、经费保障

教育经费是一个和教育成本相关的重要问题，主要涉及教育经费的筹集以及经费的分配与使用问题。前者主要关心教育经费的来源、渠道。土耳其基础教育的一部分教育费用由政府税收来承担，另一部分则由教育服务的受益人（如学生、家长等）承担。后者则主要关心筹措到的教育上经费如何分配的问题，这很大程度上是一个内部资源分配的问题。

土耳其公立中小学实行免费教育，在校学生除免交学费外，还可享受国家在教材、奖学金和食宿等方面提供的经济支持。学生所在家庭也可享受税务方面的优惠政策。

（一）基础教育经费投入情况

1. 初等教育经费投入情况

目前，土耳其的初等教育包括小学和初中教育，二者均为四年制义务教育。土耳其的初等教育机构是由国家资助的，当然，除国家外，这些机构也能够从省级特殊行政部门的预算中获得捐款，并从项目资金中分配份额和捐款。

土耳其国家统计局 2018 年公布的统计数据显示，2011—2018 年，土耳其在小学教育中的经费投入主要由政府和私人投入两部分组成，政府投入整体高于私人投入，但二者均呈现增长的态势。土耳其在小学教育上的经费投入逐渐增加。

以 2018 年为例，如表 5-4 所示，公共投入占到了总投入的 76.03%，其中中央政府投入约占公共投入的 98.57%，是教育经费的最重要来源。私人投入约占总投入的 25.60%，其中家庭投入约占私人投入的 68.24%，是私人投入的最重要组成部分，也是继中央政府后第二大教育经费来源。剩下的 0.04% 则是来自国际的投入。

表 5-4　2018 年小学教育的经费投入情况（按财政来源分类）

财政来源		金额 / 百万里拉	总体占比 /%	组内占比 /%
公共	中央政府	26 722	74.94	98.57
	地方政府	387	1.09	1.43
	总计	27 109	76.03	100.00
私人	家庭	6 229	17.47	68.24
	私人机构	3 093	8.67	33.88
	总计①	9 128	25.60	100.00
国际		15	0.04	100.00
总计②		35 657		

（资料来源：TÜİK. Finans Kaynağı ve Eğitim Düzeylerine Göre Eğitim Harcamaları 2011—2020 [EB/OL]．（2021–12–08）[2022–08–26]. https://data.tuik.gov.tr/Kategori/GetKategori?p=egitim–kultur–spor–ve–turizm–105&dil=2.）

注：①私人投入总计不等于家庭投入与私人机构投入之和。此表在统计私人投入总计时，已扣除私人机构流向家庭的经费。
　　②经费总计为公共投入总计与私人投入总计和国际投入之和减去政府流向家庭的经费所得，由于表格空间有限，已省去"政府流向家庭经费"一栏的数据。

初中教育也是初等教育中重要的一部分，从土耳其国家统计局公布的数据来看，2011—2018 年不论是公共还是私人都在不断加大对初中教育的经费投入，尤其是在 2015—2016 年上升幅度最为明显，达到了 59.25 亿里拉。

以 2018 年为例，如表 5-5 所示，公共投入依然是最主要的财政来源，约占总投入的 69.02%，与小学教育相同，中央政府依然在公共投入中占绝对主导地位，其投入约占公共投入的 98.57%，是教育经费的最重要来源。私人投入约占总投入的 32.42%，较小学教育有所提升，其中家庭投入约占私人投入的 77.93%，是私人投入的最重要组成部分，也是继中央政府后第二大财政来源。剩下的 0.08% 则是来自国际的投入。

表 5-5　2018 年初中教育经费投入情况（按财政来源分类）

财政来源		金额 / 百万里拉	总体占比 /%	组内占比 /%
公共	中央政府	27 858	68.03	98.57
	地方政府	403	0.98	1.43
	总计	28 261	69.02	100.00
私人	家庭	10 344	25.26	77.93
	私人机构	3 133	7.65	23.60
	总计①	13 274	32.42	100.00
国际		34	0.08	100.00
总计②		40 948		

（资料来源：TÜİK. Finans Kaynağı ve Eğitim Düzeylerine Göre Eğitim Harcamaları 2011—2020 [EB/OL]．（2021-12-08）[2022-08-26]. https://data.tuik.gov.tr/Kategori/GetKategori?p=egitim-kultur-spor-ve-turizm-105&dil=2.）

注：①私人投入总计不等于家庭投入与私人机构投入之和。此表在统计私人投入总计时，已扣除私人机构流向家庭的经费。
②经费总计为公共投入总计与私人投入总计和国际投入之和减去政府流向家庭的经费所得，由于表格空间有限，已省去"政府流向家庭经费"一栏的数据。

2. 中等教育经费投入情况

中等教育即四年制的高中教育，由于培养方向不同，高中教育又分为普通高中教育、职业技术高中教育等。中等教育经费主要由国家提供。与普通高中教育不同，职业技术教育学校还能够获得流动资金。此外，私营部门也会向由其运营的私立中学投入一定的资金。

总体来看，2011—2018 年，土耳其高中教育的资金投入逐年提高，尤其是从 2015 年开始，增长幅度较之前有了较大的提升。土耳其高中教育经费在 2018 年达到了 634.21 亿里拉。

以 2018 年的数据为例（见表 5-6 所示），公共投入虽然是最主要的财政来源，约占总投入的 62.87%，但是与初等教育相比，这一比例是有所下降的。私人投入约占总投入的 39.81%，其中家庭投入约占私人投入的 57.76%，私人机构投入约占 42.87%，私人机构在高中教育阶段的投入有明显增加。剩下的 0.25% 则是来自国际的投入。

表 5-6　2018 年高中教育经费投入情况（按财政来源分类）

财政来源		金额 / 百万里拉	总体占比 /%	组内占比 /%
公共	中央政府	39 213	61.83	98.35
	地方政府	659	1.04	1.65
	总计	39 872	62.87	100.00
私人	家庭	14 583	22.99	57.76
	私人机构	10 824	17.07	42.87
	总计①	25 248	39.81	100.00
国际		159	0.25	100.00
总计②		63 421		

（资料来源：TÜİK. Finans Kaynağı ve Eğitim Düzeylerine Göre Eğitim Harcamaları 2011—2020 [EB/OL]．（2021–12–08）[2022–08–26]. https://data.tuik.gov.tr/Kategori/GetKategori?p=egitim–kultur–spor–ve–turizm–105&dil=2.）

注：①私人投入总计不等于家庭投入与私人机构投入之和。此表在统计私人投入总计时，已扣除私人机构流向家庭的经费。
②经费总计为公共投入总计与私人投入总计和国际投入之和减去政府流向家庭的经费所得，由于表格空间有限，已省去"政府流向家庭经费"一栏的数据。

普通高中是高中教育阶段的重要组成部分。在资金投入方面，这一阶段教育较其他阶段教育最大的区别就在于其私人资金投入的比例一直保持在较高的水平。与其他阶段教育公共投入占主导地位的情况不同，该阶段教育的私人投入在 2015 年超过公共投入，成为最重要的资金来源。2018 年，私人投入更是占到了总投入的 58.86%，领先公共投入近 20 个百分点。（见表 5-7）

表 5-7　2018 年普通高中教育经费投入情况（按财政来源分类）

财政来源		金额／百万里拉	总体占比 /%	组内占比 /%
公共	中央政府	14 411	42.56	97.54
	地方政府	344	1.02	2.33
	总计	14 775	43.63	100.00
私人	家庭	10 671	31.51	53.54
	私人机构	9 336	27.57	46.84
	总计①	19 930	58.86	100.00
国际		31	0.09	100.00
总计②		33 862		

（资料来源：TÜİK. Finans Kynağı ve Eğitim Düzeylerine Göre Eğitim Harcamaları 2011—2020 [EB/OL].（2021–12–08）[2022–08–26]. https://data.tuik.gov.tr/Kategori/GetKategori?p=egitim-kultur-spor-ve-turizm-105&dil=2.）

注：①私人投入总计不等于家庭投入与私人机构投入之和。此表在统计私人投
　　　入总计时，已扣除私人机构流向家庭的经费。
　　②经费总计为公共投入总计与私人投入总计和国际投入之和减去政府流向家庭
　　　的经费所得，由于表格空间有限，已省去"政府流向家庭经费"一栏的数据。

　　与普通高中不同，在职业技术高中教育中，公共投入尤其是中央政府投入仍然是最重要的资金来源，由此能够看出国家对于职业技术教育相当重视。2018 年，政府对职业技术高中教育总投入为 251.17 亿里拉，约占总资金投入的 84.97%，其中中央政府投入约占总投入的 83.91%。（见表 5-8）

表 5-8　2018 年职业技术高中教育经费投入情况（按财政来源分类）

财政来源		金额／百万里拉	总体占比 /%	组内占比 /%
公共	中央政府	24 802	83.91	98.75
	地方政府	315	1.07	1.25
	总计	25 117	84.97	100.00
私人	家庭	3 912	13.23	73.56
	私人机构	1 488	5.03	27.98
	总计①	5 318	17.99	100.00

续表

财政来源	金额 / 百万里拉	总体占比 /%	组内占比 /%
国际	128	0.43	100.00
总计②	29 559		

（资料来源：TÜİK. Finans Kaynağı ve Eğitim Düzeylerine Göre Eğitim Harcamaları 2011—2020 [EB/OL]．（2021-12-08）[2022-08-26]. https://data.tuik.gov.tr/Kategori/GetKategori?p=egitim-kultur-spor-ve-turizm-105&dil=2.）

注：①私人投入总计不等于家庭投入与私人机构投入之和。此表在统计私人投入总计时，已扣除私人机构流向家庭的经费。
②经费总计为公共投入总计与私人投入总计和国际投入之和减去政府流向家庭的经费所得，由于表格空间有限，已省去"政府流向家庭经费"一栏的数据。

综上可见，基础教育作为国民教育中至关重要的一环，受到了包括政府、家庭在内的各界人士的关注与重视。2018 年小学教育资金投入总体占比约为 16%，初中教育约占 18%，高中教育则约占 30%，基础教育经费投入总体占比约为 64%。（见图 5-2）

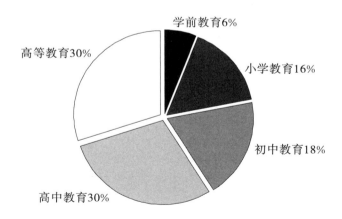

图 5-2　2018 年各阶段教育经费投入

（二）基础教育生均教育经费支出情况

1. 初等教育

土耳其国家统计局 2018 年发布的数据显示（见表 5-9、表 5-10），2011—2018 年，土耳其在小学教育和初中教育上的生均教育经费支出基本处在 1 500～2 000 美元区间内，初中教育略高于小学教育，二者变化趋势基本一致。

表 5-9　2011—2018 年小学教育生均教育经费支出

支出	年份							
	2011	2012	2013	2014	2015	2016	2017	2018
生均教育支出／里拉	2 631	3 229	3 646	4 288	4 736	5 505	5 782	6 854
生均教育支出／美元	1 568	1 793	1 914	1 956	1 738	1 819	1 582	1 421

（资料来源：TÜİK. Eğitim Düzeylerine Göre Öğrenci Başına Eğitim Harcaması, 2011—2020 [EB/OL].(2021-12-08)[2022-08-29]. https://data.tuik.gov.tr/Kategori/GetKategori?p=egitim-kultur-spor-ve-turizm-105&dil=2.）

表 5-10　2011—2018 年初中教育生均教育经费支出

支出	年份							
	2011	2012	2013	2014	2015	2016	2017	2018
生均教育支出／里拉	2 754	3 189	3 513	4 222	4 628	5 569	5 846	7 296
生均教育支出／美元	1 641	1 771	1 844	1 926	1 698	1 840	1 600	1 513

（资料来源：TÜİK. Eğitim Düzeylerine Göre Öğrenci Başına Eğitim Harcaması, 2011—2020 [EB/OL].(2021-12-08)[2022-08-29]. https://data.tuik.gov.tr/Kategori/GetKategori?p=egitim-kultur-spor-ve-turizm-105&dil=2.）

2. 中等教育

中等教育生均教育经费支出高于初等教育，虽然在个别年份有所下降，但是都保持在 2 200 美元以上。（见表 5-11）

表 5-11　2011—2018 年高中教育生均教育经费支出

支出	年份							
	2011	2012	2013	2014	2015	2016	2017	2018
生均教育支出 / 里拉	3 838	4 532	5 104	5 453	6 075	7 256	8 750	11 194
生均教育支出 / 美元	2 287	2 516	2 679	2 488	2 229	2 397	2 395	2 321

（ 资 料 来 源： TÜİK. Eğitim Düzeylerine Göre Öğrenci Başına Eğitim Harcaması, 2011—2020 [EB/OL].(2021–12–08)[2022–08–29]. https://data.tuik.gov.tr/Kategori/ GetKategori?p=egitim–kultur–spor–ve–turizm–105&dil=2. ）

总体来看，2011—2018 年，土耳其在基础教育上的生均教育经费支出保持在一个相对稳定的状态。横向比较来看，土耳其在基础教育上的生均教育经费支出同大部分 OECD 成员国相比还有较大的差距。[①] 根据 OECD 公布的数据来看，2016 年，土耳其在基础教育上的生均教育经费支出在各成员国中位列倒数第三，明显低于平均水平。

《教育概览 2020》中也指出，2017 年土耳其教育投入占 GDP 总量的 5%，略高于 OECD 成员国平均数值（4.9%）；其中基础教育投入占 GDP 总量的 3.3%，略低于 OECD 成员国平均值（3.5%）。由此，可以看出土耳其对于教育发展的重视。[②]

[①]　OECD Data.Education spending [EB/OL] .（2020-11-05）[2021-10-21]. https://data.oecd.org/ eduresource/education-spending.htm.

[②]　OECD. Education at a glance 2020: OECD indicators[EB/OL].（2020-09-08）[2021-10-21]. https:// doi.org/10.1787/69096873-en.

（三）基础教育经费使用情况

政府的教育经费不仅用于公立学校，同时也用于私立学校、职业学校、特殊学校。

由于土耳其教育系统结构的限制，国家教育部下属的所有学校在资金方面的自主权非常有限。分配给初等教育学校的预算拨款可以通过省教育局使用，但在国家教育部发布的《2023年教育愿景》文件中指出，将根据各种标准和学校发展计划为每所学校提供"学校发展预算"，并对个别不符合规定的学校进行规范管理。分配给中等教育机构的预算拨款由该机构直接使用，在这些机构内开设的特殊教育班和支持性教育室将获得单独的津贴。预算支出和其他类似问题由中央或地方一级部门进行安排。

与公立学校不同的是，私立教育机构在财务方面拥有自主权。它们可以在国家教育立法的框架内制定自己的政策，并在该政策框架内开展工作。国家教育部会对私立教育机构进行检查。为了鼓励私立学校发展，从2014—2015学年起，国家启动了《支持私立学校学生教育的实施办法》，根据教育阶段的不同，为166 563名学生提供了教育支持，每年提供2 500～3 500里拉。

在职业教育方面，为了提高职业技术教育的质量和毕业生的就业率，土耳其自2012—2013学年以来，针对在工业区开设的私立职业技术学校就读的每个学生都给予了奖励。也从2016—2017学年开始为位于工业区外的私立职业技术学校就读的学生提供资金支持。2019—2020学年资助金额有所提高，上述学生可根据教育阶段不同，每年获得4 590～7 420里拉的教育支持资金，共计有72 068名学生能从中获益。

此外，自2006年6月1日起，患有听觉、语言、精神和情感障碍以及残疾等有特殊教育需要的学生，无论其是否有社会保障，其在特殊教育范围内的教育费用由国家教育部支付。

二、师资队伍建设

（一）基础教育教师培养发展历程

土耳其基础教育教师培养起步较早，早在19世纪中叶奥斯曼帝国后期便开始初步发展。

1973年，土耳其基础教育教师培养开始逐步走上高等教育化的进程。

1973 年，土耳其实施《国家教育基本法》，该法明确提出"所有教师必须接受高等教育"。这部法律提高了公立基础教育教师的任职要求。1974 年起，国家教育部开始将各地小学教师学校转为两年制的高等教育层次的教育学院，同时培养初中教师，学制为 3 年。1978—1979 学年，培养初中教师的机构改称"高级教师学校"，数量有所减少，但将高中教师培养合并在内，学制延长至 4 年。①

1981 年，《土耳其高等教育法》颁布，土耳其开始进行高等教育改革。之前独立设置的教师教育机构被并入综合性大学，土耳其开始了以综合性大学教育学院为主体、其他院系参与的教师教育大学化转型。

1989 年，小学教师的培养从专科层次提高到大学本科层次，实现了教师教育起点的本科化。②与此同时，利用国内高等教育逐步普及提供的有利条件，国家教育部扩大了公立中小学教师的选拔范围，规定其他专业的本科毕业生可以通过参加相关的课程培训，通过考试后，获得师范教育证书、英语教师证书或小学班级教师证书等相关证书，成为公立中小学的教师候选人。③

1998 年全面实施的"教育学院重建计划"开始对教师教育进行系统重构与改革。针对 1981 年教师教育大学化后，教育学院出现的"重学术、轻专业"现象，以及由于义务教育年限增加导致的教师短缺问题，土耳其高等教育委员会启动了以"教育学院重建计划"为核心的教师教育改革。该计划是世界银行资助土耳其"全国教育开发项目"的一个重要组成部分。该计划于 1994 年开始准备与试验，1997 年形成了系统的规划方案，1998年开始全面实施。④

2006 年，教师教育重构计划经过 8 年的运行，取得了一定的成效。通过教师教育的毕业生在开始实施重建计划的 1998 年是 5 095 人， 4 年后的 2001 年就几乎翻了 4 倍，达到 21 143 人， 而到了 2006 年则达到 36 571人，翻了 7 倍多；教育学院的数量也从 1996 年的 27 所，增加到 2006 年的

① 韩智敏 . 土耳其公立中小学教师任用制度的历史演进 [J]. 教育教学论坛，2016（5）：15-19.
② 李广平 . 20 世纪末以来土耳其教师教育的重构与课程改革 [J]. 外国教育研究，2012（9）：34-42.
③ 同①.
④ 同②.

64 所；教学方法课程受到了广泛的重视，教师培养的质量有了显著提升；高中教师硕士培养计划也得到很好的落实；教育学院也与当地中小学形成良好的合作关系。但教育学院重建计划在实施的过程中仍存在一些问题与不足。[1]2006 年，土耳其开始了新一轮的教师教育课程改革。土耳其通过调整教师教育课程中不同类型的课程比例，进一步加强了通识教育课程以及教育学类课程，同时扩大了学生对于不同种类课程的自主选择权。

（二）基础教育教师应具备的能力

中小学教育的高速发展，对中小学教师队伍的整体数量和质量都提出了更高的要求。与此相适应，土耳其国家教育部在 2004 年公布了《关于教师能力的规划草案》。依据该草案的规定，公立中小学教师应具备六种素质和能力，即个人职业价值，认识学生的能力，学习和教学能力，跟进和评价学习与进步的能力，与学校、家庭和社会建立良好关系的能力，以及了解课程和内容的能力。同时，依照国家相关法律，国家教育部还相继制定或重新修订《教师职业等级晋升条例》《国家教育部教师派任和岗位调动条例》《国家教育部行政管理人员和教师工作量相关规定》《国家教育部下属教育机构行政管理人员和教师编制条例》《教师执教课程、派任和课时细则》等条例条令，细化对于中小学教师的管理，进一步规范公立中小学教师的任用。[2]

（三）基础教育师资力量现状

土耳其统计局公布的数据显示，近 10 年来，土耳其小学、初中教育净入学率保持在 90% 以上，高中教育入学率略低，没有达到 90%，但是一直保持上升的趋势，2018—2019 学年高中教育净入学率达到了 84.2%。

师生比例基本处在 1 ∶ 20 ～ 1 ∶ 15 的范围内，整体呈现增长的趋势。以 2018—2019 学年为例，土耳其小学、初中、高中的师生比分别为 1 ∶ 17.5、1 ∶ 15.9、1 ∶ 15.2，处于 OECD 成员国平均水平。（见表 5-12、表 5-13、表 5-14）

---

[1] 李广平 . 20 世纪末以来土耳其教师教育的重构与课程改革 [J]. 外国教育研究，2012（9）：34-42.

[2] 韩智敏 . 土耳其公立中小学教师任用制度的历史演进 [J]. 教育教学论坛，2016（5）：15-19.

表 5-12　2012—2019 年土耳其小学教育入学率及师生比

学年	净入学率 /%	教师 / 人	学生 / 人	师生比
2012—2013	98.9	282 043	5 593 910	1 ：19.8
2013—2014	99.6	288 444	5 574 916	1 ：19.3
2014—2015	96.3	295 252	5 434 150	1 ：18.4
2015—2016	94.9	302 961	5 360 703	1 ：17.7
2016—2017	91.2	292 878	4 972 430	1 ：17.0
2017—2018	91.5	297 176	5 104 599	1 ：17.2
2018—2019	91.9	300 732	5 267 378	1 ：17.5

表 5-13　2012—2019 年土耳其初中教育入学率及师生比

学年	净入学率 /%	教师 / 人	学生 / 人	师生比
2012—2013	93.1	269 759	5 566 986	1 ：20.6
2013—2014	94.5	280 804	5 478 399	1 ：19.5
2014—2015	94.3	296 065	5 278 107	1 ：17.8
2015—2016	94.4	322 680	5 211 506	1 ：16.2
2016—2017	95.7	324 350	5 554 415	1 ：17.1
2017—2018	94.5	339 850	5 590 134	1 ：16.4
2018—2019	93.3	354 198	5 627 075	1 ：15.9

表 5-14　2009—2019 年土耳其高中教育入学率及师生比

学年	净入学率 /%	教师 / 人	学生 / 人	师生比
2009—2010	65.0	206 862	4 240 139	1 ：20.5
2010—2011	66.1	222 705	4 748 610	1 ：21.3
2011—2012	67.4	235 814	4 756 286	1 ：20.2

续表

学年	净入学率 /%	教师 / 人	学生 / 人	师生比
2012—2013	70.1	254 895	4 995 623	1 ： 19.6
2013—2014	76.7	278 641	5 420 178	1 ： 19.5
2014—2015	79.4	298 378	5 691 071	1 ： 19.1
2015—2016	79.8	335 690	5 807 643	1 ： 17.3
2016—2017	82.5	333 040	5 849 970	1 ： 17.6
2017—2018	83.6	347 969	5 689 427	1 ： 16.4
2018—2019	84.2	371 234	5 649 594	1 ： 15.2

第六章 土耳其高等教育

高等教育作为促进社会发展的重要依靠，在培养高素质人才方面的作用不可或缺，世界各国也一直在为推动高等教育国际化而不断努力着。本章将重点介绍和分析土耳其高等教育在培养目标与实施机构、课程与教学、教育保障体系等方面的现状和举措，以帮助了解土耳其高等教育的基本情况。

第一节　土耳其高等教育的培养目标与实施机构

一、高等教育概况

土耳其在地理位置上横跨亚欧两大洲，因此其教育在不断的发展过程中融合了东西方文化的教育体系，且高等教育体系比较完备。土耳其很重视本国教育的发展，根据 1981 年颁布的《土耳其高等教育法》，土耳其以大学教育为基础的所有教育都被称为高等教育。高等教育机构包括大学、高等技术学院、研究应用中心以及高等职业学校等。土耳其的高等院校分为三大类，分别是国立大学、私立大学或基金会大学、高等职业院校。高等教育相关事务由土耳其高等教育委员会进行管理。

土耳其高等教育院校的历史根源可以追溯到 15 世纪时建立的一所名为"Fatih Sahn-ı Seman"的学校，这是当时伊斯坦布尔最重要的教育机构，主要培养宗教学和心理学专业的学生。土耳其第一所正式意义上的高等教育学校是土耳其帝国海军工程师学校，这是一所技术学校，在这里，土耳其学校的教室里第一次出现了桌椅和黑板。1795 年，土耳其帝国土地工程师学校成立。直到现在，该学校都一直被看作是伊斯坦布尔科技大学的前身。

第二次世界大战期间，在包括了伊斯坦布尔的大学和当时位于安卡拉的国家教育部下属的几个大学院系中，土耳其高等教育系统逐渐建立起来。1946 年，土耳其一共有 3 所大学，它们分别是：伊斯坦布尔大学（1933 年建立）、伊斯坦布尔科技大学（1944 年建立）和安卡拉大学（1946 年建立）。在 1955—1977 年期间，由于土耳其不同地区的教育体系得到了改善，以及社会需求也在不断地发生变化，土耳其又陆续成立了其他 4 所新的大学。自此以后，土耳其不断地投入建设新的大学，大学的数量不断增加，截至 1970 年，土耳其大学的数量已经增加到了 18 所。随着 1981 年土耳其高等教育委员会的建立，土耳其人民接受高等教育的机会也开始迅速增加。

1984 年，比尔肯特大学建立，这是土耳其第一所私立大学。

根据土耳其高等教育委员会公布的最新信息，2001 年土耳其加入博洛尼亚进程后，土耳其高等院校的数量和招生人数都有了大幅度的提升。截至 2020 年 1 月，土耳其有国立大学 129 所，有私立大学或基金会大学 73 所，土耳其全国接受高等教育的总人数达到了 800 万人。

二、高等教育的培养目标

根据土耳其高等教育委员会成员 Yekta Saraç 博士撰写的 "2030'a Doğru Yükseköğretim Politikaları"（《面向 2030 年的高等教育政策》）一文，土耳其计划到 2023 年，应该至少有 10 所土耳其大学位列全球 500 强大学的排名中，而这其中至少应该包括 2 所土耳其私立大学或基金会大学。同时，土耳其进入人类发展指数全球国家排名前 20 名，并且计划吸引来自超过 40 个国家的至少 10 万名外国留学生到土耳其留学和生活。但根据英国高等教育调查公司 Quacquarelli Symonds（以下简称 QS）公布的 2020 年度世界大学排行榜数据，土耳其仅有 1 所大学跻身世界 500 强大学之列，这所大学是排名 451 位的科奇大学，除此之外，土耳其有 8 所大学进入了排名 500～1000 位的行列，它们分别是比尔肯特大学、萨班哲大学、中东技术大学、海峡大学、伊斯坦布尔科技大学、安卡拉大学、哈西德佩大学和伊斯坦布尔大学。

表 6-1　2020 年土耳其部分大学在世界大学中的排名 [①]

排名	中文名称	英文名称	所在地
451	科奇大学	Koç University	伊斯坦布尔
501～510	比尔肯特大学	Bilkent University	安卡拉
521～530	萨班哲大学	Sabanci University	伊斯坦布尔
591～600	中东技术大学	Middle East Technical University	安卡拉

① QS. QS world university rankings 2020[EB/OL]. [2021-10-28]. https://www.topuniversities.com/university-rankings/world-university-rankings/2020.

续表

排名	中文名称	英文名称	所在地
651 ~ 700	海峡大学	Boğaziçi University	伊斯坦布尔
651 ~ 700	伊斯坦布尔科技大学	Istanbul Technical University	伊斯坦布尔
801 ~ 1000	安卡拉大学	Ankara University	安卡拉
801 ~ 1000	哈西德佩大学	Hacettepe University	安卡拉
801 ~ 1000	伊斯坦布尔大学	Istanbul University	伊斯坦布尔

土耳其于 1981 年颁布的《土耳其高等教育法》确定了高等教育的目标和原则，对所有高等教育机构及组织的职能和权力进行了规范，在此后不断地对该法进行修改和完善。依据这部法律，土耳其高等教育的培养目标如下。

对学生而言，接受高等教育可以使他们学习到土耳其民族的优良品德和文化价值观，并且能够使他们切身感受到身为土耳其人的荣誉感和幸福感。青年接受高等教育，能使他们内心充满对家庭、国家和民族的热爱；明确自己身为土耳其人的责任和义务，也能够学习到如何将共同利益置于个人利益之上，同时培养出具有自由和科学的精神、广阔的视野、美好的道德品质以及尊重人权、身心健康的土耳其公民；接受高等教育不仅能够让土耳其人在身心道德和情感上都平衡发展，同时也能培养出具有一定的知识和技能、拥有自己的兴趣爱好、可以发挥自己的能力为国家的发展和需求做出贡献的公民。

实施高等教育能够增加整个土耳其国家的福利，有利于保障国家和领土的不可分割性；高等教育的全面开展有助于促进土耳其经济、社会和文化发展方案的加速实施，能够确保学生成为当代文明建设性、创造性的杰出参与者。各大高等教育机构开展的高水平的学术研究和科学研究，有利于促进知识和技术的发展，通过传播科学成果以协助国家的进步和发展，并能够通过与国家和国际机构之间的合作，在国际学术界做出卓越贡献，也能为当今世界做出贡献。

三、高等教育的培养原则

《土耳其高等教育法》同时还规定了土耳其高等教育实施的 9 条基本原则，土耳其所有的高等教育活动都必须按照法律规定的原则来组织和开展。9 条基本原则如下：

（1）教育活动应当遵循改革的精神和原则，确保能够增强学生的责任感。

（2）将民族文化和普遍世俗文化相结合，依照土耳其的传统和习俗对学生进行发展和培养，使学生拥有强烈的民族团结意识。

（3）教育体系内的基本统一原则应当考虑教育的培养目标，以及各种高等教育机构和研究领域的特点。

（4）短期计划和长期计划都必须依据国家和地区发展的需要，根据科学的技术和原则来制订，并需要定期更新。

（5）高等教育机构必须采取措施来确保学生接受高等教育的机会平等。

（6）新的大学、高等技术学院、研究生院等必须在高等教育委员会的认可或建议下，按照法律、国家发展计划的原则和目标，以及高等教育计划的背景来建立。

（7）高等教育职业学校应当由部长委员会根据高等教育委员会规定的原则而决定是否设立。

（8）发展中的高等教育机构应当提高效率，对教师进行适当的培训和分配，确保人力需求和教育之间的平衡，资源分配也应当根据国家教育政策和国家发展计划的目标和原则，满足国家和地方的具体要求，实现方式包括正式教育和非正式教育、外部教育和远程教育等。

（9）在高等教育机构的教育过程中，土耳其改革的历史、土耳其语和一门外语都是义务性课程。此外，非义务性课程中应当至少包括一门体育课程或者艺术课程。所有这些课程的计划和实施时间应当至少为两个学期。

四、高等教育的实施机构

（一）土耳其高等教育委员会

土耳其高等教育委员会成立于 1981 年，同年颁布的《土耳其高等教育法》规定，高等教育委员会是一个具有法人资格的自治机构，它是对土耳其高等教育机构的教育和活动进行规划、组织、管理和监督的机构，指导高等教育机构开展教育和科学研究活动，并确保这些机构能够根据法律规定的目的和原则来建立和发展。该机构要保证分配的资源能在各大高等教育机构中得到有效的利用，同时也负责对高等教育学术人员进行培训等工作。根据法律规定，高等教育委员会的职责和权限受到法律的约束。从法律规定和机构设置上来看，土耳其高等教育委员会是一个独立的机构，并不受任何组织和政党的控制。但实际上，执政党对委员会的很多方面都有较大的影响，包括但不限于制定教育方案和人事安排等方面。①

（1）高等教育委员会的组成。由土耳其共和国总统选出七名成员，这七名成员的身份最好是高等院校的前校长或著名教授；部长委员会从现役或退休的杰出高级公务员中选出七名成员（须经由司法部批准并征得法官或检察官的同意）；由总参谋长选出一名成员；大学校际委员会从非委员会成员中选出七名教授。

被提名的成员最终会在总统批准后成为正式成员。提名应当在一个月内完成，未经过总统批准的，应当在两周内提名新的候选人，否则总统将直接任命高等教育委员会的成员。从公共事业单位任职人员中挑选出来的成员将保持与原单位的关系。委员会成员的任期为四年，任期届满后，政府将进行新的选举，任期届满的人员有资格进行连任。

高等教育委员会每学期应当至少召开三次会议。会议也可由高等教育委员会主席或至少三分之一的成员提出书面申请后召开。国家教育部部长可以在有需要时参加并主持会议。

（2）高等教育委员会的职能。高等教育委员会的职能是据法律规定的宗旨、目标和原则，为高等教育机构活动的设立、发展和实施制订短期的和长期的计划，并负责国内外教师的培训工作，同时在这些计划和程序的框架内有效地监督和分配资源；按照法律规定的宗旨、原则和目标，促进

---

① 北语国别和区域研究院. 土耳其研究：埃尔多安的教育改革——从世俗走向宗教 [EB/OL].（2020-06-07）[2021-12-03]. https://mp.weixin.qq.com/s?__biz=Mzg4MjI5MzU1Mw==&mid=2247484528&idx=1&sn=aa5c23a59825af1da98d4c5d43e60fa1&chksm=cf59aa2ef82e2338036fd5e01c617c8fe21ee0ae24e4a95af2f2fe461d7399685c164c5c468b&scene=4#wechat_redirect.

高等教育机构之间持续、和谐的合作，力求一体化；根据国家发展计划的原则和目标，结合国家对高等教育做出的规划，向国家教育部提出新建高等教育机构的建议和意见；直接或根据各个大学内部院系、研究生院等提出的关于开设、合并或关闭高等教育机构的建议做出决定，并将上述决定转达国家教育部，以便在适当时候采取行动；研究各部委设立高等教育机构的目的和理由，向主管部门提出意见和建议。

与此同时，高等教育委员会还需要根据大学校际委员会的意见，确立高等教育机构中的最低课程时长和教育计划的持续时间，以及通过下一学年学校的教学条件来确立高等教育机构中的学生在校内、校与校之间的转移，高等教育机构毕业生继续升学的原则等。根据高等教育机构的教育项目、学科特点、研究活动、应用领域、设备及相关设施、学生人数和其他相关问题，均衡地确定大学教授、副教授等人员的比例。同时还要审查和评估各高等教育机构提交的年度活动报告，在其中找出成功经验和不足，并采取必要措施。

高等教育委员会在决定每门学术课程每学年的最大招生人数时，应当进一步从人力规划的角度确立选拔和录取学生的原则，这期间不仅要考虑到中等教育的定位，也要将学校的能力、学生的兴趣和技能等纳入考量范围，尽量采取措施来保证学生入学和在校期间的机会平等，并对高等教育机构提出的每学年向学生收取学费的建议做决定。

高等教育委员会也应当向国家教育部报送各大高等教育机构审批后的预算；对不履行法律规定的职责或者违反法律规定的职责的教师职工，启动开除或者转为其他高等教育机构试用的常规程序；在艺术和科学等领域建立国家科学委员会和工作组，在必要时，安排发展完善的高等教育机构对新的或者发展中的机构进行指导；向国家教育部提出关于基金会组织在法律规定范围内设立高等教育机构的意见和建议，采取必要的措施和安排，并对这些机构进行监督；同时也要确定在国外高等教育机构获得的本科和研究生学位证书与国内学位证书是否具有等效性。

（二）土耳其高等教育监督委员会

土耳其高等教育监督委员会是一个代表高等教育委员会监督高等教育机构的机构。

（1）高等教育监督委员会的组成。高等教育委员会提名 15 名教授，并且从最高法院、议会和审计法院推选的 3 名候选人中选拔 1 名，以及从国防部和国家教育部选出 1 名。

高等教育监督委员会成员的任命将按照现行程序进行。高等教育监督委员会主席由高等教育委员会主席任命，成员的任期为 3 年，任期届满的成员可以连任，除临时派遣和休年假外，任何成员在 1 年内因任何原因缺勤 3 个月，将被视为已离开监督委员会。

（2）高等教育监督委员会的职能。高等教育监督委员会的职能是根据土耳其高等教育委员会拟定的原则，监督高等教育机构中的教育活动和其他活动是否符合《土耳其高等教育法》规定的目标和原则。

（三）测评、选拔与安置中心

测评、选拔与安置中心会根据高等教育委员会确立的基本原则来确定高等教育机构选拔学生的考试规则，根据考试结果和高等教育委员会决定的原则，将学生选进大学和其他高等教育机构，并开展与这些活动相关的研究或提供其他服务。测评、选拔与安置中心也会应高等教育机构的要求，开展各级基于问卷调查的研究、考试和评估。

（四）大学校际委员会

大学校际委员会是一个学术机构，成员由大学校长和教授组成，成员的任期为 4 年。大学校际委员会的职责是在高等教育规划的框架内，协调大学的课程、科研和出版活动，对这些活动进行申请和评估，并向高等教育委员会提出建议；根据高等教育委员会的决定提出举措，以满足大学教职员工在组织、职称和人员方面的需求。

五、高等教育的内部领导体制

为了更好地实现教育目标，高等教育机构需要按照一定的原则来建立内部领导体制，以此来加强学校内部的联系，有组织地开展各项活动，有利于更好地完成学校的教学任务和目标。

（一）校长

国立大学的校长由土耳其共和国总统直接任命，而私立大学的校长则根据董事会的提议任命。校长的任期为 4 年，任期届满后可以用同样的办法继续连任，但最多只能连任 2 届。校长是大学的法人。

校长需要主持校董会，审议和决定校董会的提案，并执行高等教育管理机构的决议，保证大学内部机构之间的协调和正常运转；在每学年结束的时候，校长需要向大学校际委员会汇报本校在教育、科学研究和出版方面的活动；在收到附属机构的建议并征求大学参议院和行政委员会的意见后，校长要准备大学的投资计划、预算和人员需求报告，并将报告提交给高等教育委员会；在必要时，校长可以变更学校内部机构中的教职员工和其他人员的职位，或者给他们分配新的职责，同时，校长也要监督学校的各个单位和各级人员，并执行法律规定的其他职责。

校长需要合理利用和发展大学及其附属机构的教学能力，为学生提供必要的服务并保障学生的安全，按照国家发展计划的原则和目标对教育、科研和出版活动进行规划和实施。

（二）校长办公会

在校长的主持下，校长办公会由副校长、各院系的院长、各院系董事会选举产生的 1 名教职员工组成，成员的任期为 3 年。校长办公会每年至少要召开 2 次会议，一次在每学年开始召开，一次在每学年结束召开。校长可以在必要的时候召开会议。

校长办公会是大学的学术机构，它需要对大学的教育、科学研究和出版活动进行讨论和决定，同时也要拟定整个学校的校规，拟定的文件在经校长批准后，通过学校官方渠道公布后生效；办公会需要讨论并决定大学的年度教育计划和校历；根据教务委员会的建议授予优秀教师荣誉学术称号（无须考试）；需要对校长办公室下属的教务委员会、研究生院和高等教育学院的各个委员会的决定在有异议的情况进行干预，并选举大学管理委员会的成员，同时履行法律规定的其他职责。

（三）大学管理委员会

大学管理委员会由学院的院长和 3 名教授组成，成员由参议院选举产生，成员的任期为 4 年。会议由院长主持，教授代表大学的各个专业和领域。校长可以在有必要时要求召开大学管理委员会会议。副校长可参加会议，但没有表决权。

大学管理委员会是协助校长履行行政职责的机构，其职责为协助校长按照高等教育委员会指定的计划和方案执行高等教育管理机构和参议院的决定，并确保活动计划和方案的顺利实施，在考虑到大学各个单位的建议后对投资计划和预算草案进行审查，并向校长办公会提出有关的意见和建议，同时也要就校长提出的问题对大学行政事务进行处理。

（四）院长

院长是学院的代表，由土耳其高等教育委员会从校长提名的 3 名教授中选出，并按照正常程序任命，任期为 3 年，任期届满后可以重新任命院长。在学院的正式教职员工中，院长最多可以任命 2 名副院长协助其工作。但对于负责集中式远程教育的学校，院长可以在有必要的情况下任命 4 名副院长，任期不超过 3 年，如果其中 1 名副院长在院长不在的期间担任代理院长的时间超过 6 个月，则会重新任命新的院长。

院长担任教务委员会主席，执行教务委员会的决定，并确保院系中各单位的正常工作；在每学年结束的时候，院长需要根据要求向校长汇报有关学院的总体情况，并将院系的拨款和人员需求及其理论依据汇报给校长，并在征得院系执行委员会的意见后，将有关院系的预算提案提交给校长办公会；院长需要对院系各级教职员工进行监督。

（五）教务委员会

教务委员会由院长主持，成员为院长和该学院通过选举产生的 3 名教职人员，教务委员会通常每学期召开 2 次会议，一次会议在学期开始前召开，一次在学期结束时召开。院长可在有必要的时候召开教务委员会。

教务委员会是一个学术机构，它负责决定学院的教育、科学研究和出版活动以及与这些活动有关的计划，并需要选举出学院董事会的成员。

（六）学院执行委员会

学院执行委员会由 3 名教授、2 名副教授和 1 名教授助理组成，成员由院长主持的教务委员会选出，成员任期为 3 年。

学院执行委员会是院长行政活动的辅助机构，它负责协助院长执行教务委员会的决定，并执行学院的教育计划方案以及日常活动，同时也要准备学院的预算草案；对招生、课程以及考试等相关活动进行安排和调整。

第二节　土耳其高等教育的课程与教学

土耳其高等教育的课程设置分为本科课程和研究生课程。土耳其高等教育课程一般为 4 年的大学教育或者 2 年的大专教育，有的学校还会额外设置 1 年的语言学习课程。一些特殊专业（比如医学、牙医学、兽医学等）则须学习 5 ～ 6 年甚至更长时间。土耳其的研究生课程设置非常多样化，硕士学位必须修满 2 年，博士学位必须修满 3 ～ 5 年。土耳其私立大学或基金会大学的自由度比国立大学的自由度高，土耳其国立高等教育机构不会向学生收取学费，学生只需要缴纳小额的注册费即可进入学校学习，而私立大学或基金会大学的收费则比较高，每年的学费在 6 000 ～ 20 000 美元不等，但这类学校通常会设立贫困学生助学金，补助金额十分可观，据统计，有超过 40% 的学生享受过此类助学补助。除此之外，宗教教育在土耳其高等教育中也有着极其重要的地位。

一、高等教育的课程类型

土耳其高等教育分为以下四种类型：

（1）正式教育。这类教育指的是由国家教育培训机构提供的教育。

（2）非正式教育。非正式教育包括公共教育和在职培训，这类教育主要面向那些从未受过正式教育的人或者在职人群。这类人可以通过接受非正式教育来获得技能。参与者自愿参加这类教育课程，这类课程并非强制性的。

（3）远程教育。这类教育是一种在任何时间和地点都可以进行学习活动的教育。远程教育不仅能让学生按照自己的节奏和时间来参加课程，同时也为公众提供了广泛的受教育机会。在远程教育课程中有两种不同的教学方法：一种是在确定的时间里，学生和教师在虚拟教室中见面并进行互动，教师可以对学生进行提问，学生也可以向教师询问问题。在这种形式中双方不受空间限制，任何国家、任何城市和地区的学生都可以在虚拟教室中进行交流。另一种形式则是在时间和空间上都具有独立性，参与这种形式的课程的学生可以随时随地进入课程学习，也可以随时离开，当学生下次进入课程的时候，可以选择从上次中断的地方继续学习。

（4）开放教育。在这类教育形式中，学生可以通过电视、广播和互联网上课，通过邮寄的方式获得讲义和教材。目前开放教育在土耳其高等教育中的占比已经达到 30%。

远程教育与正式教育之间没有法律意义上的区别，提供远程教育的大学课程内容与正式教育的课程内容相同，远程教育毕业生的文凭与正式教育毕业生的文凭也完全相同。唯一的区别就是远程教育的教学环境是灵活的，学生不需要参加在教室中开展的课程。

开放教育与远程教育之间最重要的共同点是学生都无须到学校上学也可以接受教育，这同时也为那些因为残疾等原因没有办法进入校园进行学习和生活的学生提供了很大的便利。同时，参与这两种教育形式的学生都需要参加期中和期末考试。这两种教育的差别在于，在远程教育中，学生可以与教师进行交流，学生可以将自己的作业发送给教师并获得反馈，而开放教育则不需要这些，教师也不会提供能够引导学生进行研究的项目和作业。

二、高等教育的教学语言

《土耳其高等教育法》规定，部分或者全部实施外语教育的高等教育机构，必须对刚入学的学生进行外语能力测试。根据土耳其高等教育委员会制定的规则，将对未通过外语考试的学生开设为期一年的语言预科课程，以保证他们能够在正常的教育过程中不断提高外语能力。

土耳其高等教育机构的主要教育语言是土耳其语。除此之外，在很多学校中，有些课程是用英语、德语或法语进行授课的。为了能更好地进行外语教学，大多数大学会为学生提供一年的语言课程，这通常被称为预备班。在教学语言为土耳其语的大学中，在头两三年的学习中将会有必修的语言强化课程（通常是专业英语）。对于未掌握土耳其语却并被安排在教学语言为土耳其语的高等教育机构学习的外国学生，学校也会向他们提供类似的土耳其语义务预备班。但是，这些学生只有在一年内掌握土耳其语，才能继续接受教育。

三、高等教育的教材印刷

在土耳其的高等教育机构里，教材都是由学校或者高等教育委员会准备的，并以适当的价格出售给学生。教师不得自行打印和复印用作课程资料的各种材料。但如果学校管理委员会书面通知教师，需要印刷的书籍在该学年内无法由学校进行印刷，他们就有权自行印刷。如果教科书和各种材料需要支付版权费，将由高等教育委员会经过财政部批准后进行确认和发放。

四、高等教育的课程选择

（一）大学课程

在公立大学和私立大学或基金会大学中，有大量的课程专业可供选择。学生可在以下研究领域进行专业选择。

（1）语言和文学。土耳其语言和文学、西方语言和文学、东方语言和文学、古代语言和文化、外语、语言学、当代土耳其方言和文学等。

（2）数学和自然科学。数学、物理、化学、生物学、天文学和空间科学统计等。

（3）健康科学。医学、药学、牙医学、护理学、卫生技术、医院管理、社会工作和兽医学等。

（4）社会科学。哲学、历史、地理、生理学、行为科学、社会学、人类学、民俗学、考古学和艺术史、神学、经济学等。

（5）应用社会科学。法律、政治和公共行政学、管理学、行政科学、大众传播和大众媒体、教育学、家庭管理和家庭经济学、图书馆学、档案学等。

（6）技术科学。工程科学、环境工程、航空航天科学、地质学、地球物理学、采矿工程、水文地质学、大地测量学和摄影测量学、石油和天然气工程、材料科学和冶金工程、机械工程、海洋科学和造船、电气和电子工程、计算机工程、土木工程、建筑、工业工程、纺织工程、食品工程、化学工程、木工工业等。

（7）农业和林业。农业、林业、渔业等。

（8）艺术。绘画、雕塑、表演和视觉艺术、音乐、土耳其传统手工艺品、应用艺术、戏剧、美术、室内建筑等。

根据《土耳其高等教育法》，学士学位通常在完成至少 4 年的学习（相当于至少 8 个学期的学习）后授予。兽医学和牙医学学士学位课程为期 5 年，兽医学学位的专业资格是在完成学业后授予的，牙医学学位是在完成 5 年学业后授予的。医学学士学位课程为期 6 年，医学学士学位是在完成 6 年学业后授予的。这些医学、兽医学和牙医学专业的毕业生在完成基础研究学习后，可以直接申请博士学位的课程学习。这 3 个研究领域的学历相当于硕士学位。在工程学方面，工程学学士的文凭是在大学或理工学院学习 4 年后颁发的。

（二）研究生课程

土耳其的研究生学位包括硕士和博士。硕士和博士学位课程由高等教育机构的研究生院来承担。土耳其高等教育委员会在其网站上公布的数据显示，2019—2020 学年，土耳其研究生总人数接近 40 万人，其中 297 001 人是硕士生，101 242 人是博士生。

从 2000 年开始，土耳其教育部开始提供硕士学位教育。硕士学位属于第二级学位，想要获得土耳其的硕士学位，申请人必须参加由测评、选拔与安置中心举行的研究生教育入学考试并取得 65 分以上，和大学委员会举行的外语（如德语、英语、法语）考试并获得 50 分以上（满分为 100 分），或者通过一项由高等教育委员会确定的与之相当的考试（如托福、雅思考试等），申请人还必须参加所申请的专业的面试并获得 65 分以上的成绩（满分为 100 分），此外，申请人还必须提交大学成绩单。成功完成硕士学位课程的毕业生，只要他们通过研究生教育入学考试获得了有效的成绩并具备一定的英语水平，就可以申请本专业或者跨学科领域的博士学位课程。

硕士学位课程包括论文课程和非论文课程。硕士学位论文课程包括至少 7 门课程，学生应当至少修满 21 学分，然后在两年内提交论文；而非论文课程包括完成至少 30 学分的 10 门硕士学位课程和在一年半内提交学期项目。博士学位课程包括至少 7 门课程和至少修满 21 学分。博士学位课程的期限因研究领域而异。《研究生教育条例》规定，博士研究至少需要 8 个学期的学习时间，但不同的院校可以视实际情况来分配时间。在顺利完成课程和资格考试后，学生必须在考试委员会成员面前提交论文并进行口头答辩。《研究生教育条例》已经进行了修改，允许学士学位持有者直接申请注册博士学位课程，前提是他们在学士学位课程中的表现非常好，并且博士学位申请需要得到有关当局的批准。

（三）高等职业教育

土耳其高等职业教育在高等教育中占有重要地位。土耳其的高等职业教育分为两种模式：一种是在高等职业教育学院内独立设置或以大学为单位设置的两年制副学士学位课程，另一种是四年制学士学位课程。大多数公立或私立大学中都设立职业学校，此外还有两所专门的私立高等职业教育学校。截至 2014 年，积极办学的高职院校数量达到了 802 所，这些学校分布在土耳其的全国各地，为土耳其培养具有较高专业素养的人才，涉及的专业包括海洋、金融、商业和行政、自动化、计算机和信息技术以及与健康有关的专业等。但与发达国家相比，土耳其高等职业教育学校在高等教育总体布局中所占的比例依旧偏低。高等职业教育学校的毕业生失业率相对较高，这也阻碍了学生参加高等职业教育。为了使高等职业教育对相关专业的学生具有更大的吸引力，在土耳其职业教育和培训现代化的框架内，由欧盟－地中海伙伴关系提供方案并进行资助，并采取了若干举措。比如，自 2001 年起，放宽了高等职业教育学院入学考试的要求。此外，根据立法，两年制高等职业教育的优秀毕业生可以直接申请进入学士学位课程。在同一框架内，允许建立私立的高等职业教育机构。

第三节　土耳其高等教育的保障体系

随着高等教育在土耳其逐渐普及，保障庞大的高等教育体系正常有序地运行变得至关重要。本节将从全面质量管理、质量评估体系、资格认证改革、经费投入等方面介绍土耳其高等教育的保障体系。

一、高等教育的全面质量管理

土耳其高等教育的质量管理理念深受《索邦宣言》和《博洛尼亚宣言》的影响，它们与土耳其高等教育发展具有平行目标。《索邦宣言》和《博洛尼亚宣言》旨在促进公民流动性、就业能力的提高以及欧洲大陆全面发展。

欧洲高等教育机构在建设欧洲高等教育领域方面发挥了主要作用。为了实现所设定的目标，欧洲高等教育机构在质量保证方面进行合作，以期制定可行的标准和方法。

两项宣言对土耳其高等教育体系的影响可从两方面进行评估。首先，土耳其政府在教育领域承认并完全采纳了欧盟制定的全部标准。其次，土耳其发展战略主要侧重于质量管理和认证制度，其目标是将教育质量管理纳入欧洲高等教育质量评估体系。土耳其政府指定相关政府机构与欧洲各国教育机构开展长期的正式合作。

（一）认证观察委员会正式成立

认证观察委员会负责审查欧洲国家现有的质量管理和认证制度。该委员会由 8 名成员组成，其中 2 名是欧洲的大学教授。该委员会经过评估提交的评估报告，分析研究了土耳其当前高等教育背景的认证模式。基于这一模式，土耳其高等教育委员会引入了由 7 个质量控制领域组成的教育质量评估制度：教育规划与实施和评价、教职员工、学生、教师－学校合作、学习资源、教学管理、教育质量保障体系。在 6 个教育院系试点实施后，该计划已提交土耳其高等教育委员会以做出启动决定。

（二）国家质量运动

另一个国家倡议是土耳其国家教育部的"国家质量运动"。1999 年，为了改善整个土耳其教育系统，土耳其提出了一项改革行动，主要以实施全面质量管理为基础，对土耳其高等教育院校行政管理和教育水平两方面做出要求。该行动一直与土耳其的自由职业者质量机构合作。该行动的目标如下：

（1）在教育管理体制中以全面质量管理为宗旨。

（2）高效地利用各级教育资源。

（3）拓展"学习型个人和学习型组织"的教育目标。

（4）在各级教育机构提高教育质量。

（5）为学生提供知识和技能培养。

为此，土耳其国家教育部教育研究与发展司成立了质量改进委员会。该委员会提出了执行计划，包括自我评价程序。同时，土耳其国家教育部成立了改进小组，以启动短期、中期和长期改进计划。

（1）马尔马拉大学工程系全面质量改革。实施全面质量管理的第一个大学是马尔马拉大学工程系。首先，大学董事会同意将全面质量管理原则应用于学术改进。该行动将客户定义为学生、家长、土耳其高等教育委员会、政府、相关的行政人员。在对客户需求进行调查后，他们确定了教学策略的五个关键问题：沟通、领导力、团队合作、技术能力、创业和创新。其次，围绕这五个关键问题设计了教师发展计划并组建了团队。

在描述性文档分析中报告了对实施全面质量管理的评估。结果显示，由院长领导的学院委员会做出了最高级别的承诺。高层管理人员中需要强有力的领导，各级管理层中也需要这种领导力。值得注意的是，质量委员会和其他质量团队成立后，负责人员和团队并没有接受使用质量工具和解决问题技术的培训。有人建议，质量团队应把重点放在需要改进的领域，如解决问题和持续发展。学院的使命、愿景和目标以及三年战略计划都已确立，但关键程序（如项目改进和纠正策略）并未定期记录在案。

（2）巴斯肯特大学标准化认证。巴斯肯特大学采用质量体系，于1995年开始实施 ISO 9000 注册标准。从那以后，每年就 20 项 ISO 9000 国际标准进行谈判。具体标准的实施主要是在管理层面，土耳其国内为此开发了专用的文档系统。

ISO 9000 标准化主要由行业或业务驱动，并认可与行业相关的概念和术语。巴斯肯特大学在其机构中设立了以下单位，对 ISO 9000 标准和全面质量管理展开研究。

①全面质量管理中心。为了在医院、保健中心和教育机构执行 ISO 9000 注册标准，1996 年成立了巴斯肯特大学全面质量管理中心。该中心的任务是向校长提供建议，为向大学申请质量培训、研究和实践的私营和国营组织提供帮助。

②教育质量联合中心。该联合中心成立于 1998 年，负责在大学一级开展全面质量管理活动。教育质量联合中心对一些标准进行了研究和修改，以便使这些标准与高等教育相关。

巴斯肯特大学的案例在土耳其高等教育的质量体系中影响范围最广。然而，该改革没有系统地评估实施全面质量管理的影响，也没有建立控制系统。

（三）工程教学认证委员会

欧洲质量体系在土耳其高等教育中的另一个体现是工程教学认证委员会。该委员会成立于 1932 年，当时是工程师专业发展委员会，负责监督、评估和认证学院和大学此类课程的质量。该委员会由 21 个参与机构管理，其董事会由这些机构的代表组成。在评估一个项目时，该委员会会考虑 8 个方面：（1）学生；（2）方案的教育目标；（3）方案产出和评价；（4）专业部件；（5）教员；（6）基础设施；（7）机构支持和财政资源；（8）方案标准。中东技大学工程学院、马尔马拉大学工程学院和伊斯坦布尔大学工程学院在各自的课程中实施了该委员会的标准。该委员会每年都分发评估报告，并向决策者提出必要的更正建议。

二、高等教育质量评估体系

加入博洛尼亚进程之前，土耳其高等教育委员会和大学校际委员会负责全国层面的高等教育的质量保障工作。高等教育委员会下属的高等教育监察委员会负责监督高校的教学、科研及其他活动是否符合《土耳其高等教育法》所规定的目标与原则。大学校际委员会则主要负责监督学术评估机构，制定指导教学、科研、出版等活动的规则，对博士培养进行评估。院校层面，校长负责管理和监督大学的各项活动，使其符合国家的发展规划。从组织结构来看，土耳其的高等教育似乎层级、分工明确，但这些组织并未形成一个有效的全国性高等教育质量保障系统。参加博洛尼亚进程之后，高等教育质量保障问题开始真正在土耳其受到重视。

（一）博洛尼亚改革与高等教育学术评估和质量改进委员会的建立

2005 年起，土耳其进行了大规模的博洛尼亚教育改革。基于 2005 年国家教育部新出台的《高等教育机构学术评估和质量改进条例》，在条例规定的职责范围内，土耳其国内成立了土耳其高等教育质量保证体系，其中包含独立国家机构高等教育学术评估和质量改进委员会。

该体系与其他国家类似的博洛尼亚改革机构结构类似、功能相当。其结构组织成员包括由大学校际委员会选出的九名大学代表以及由土耳其学生委员会特别任命的一名学生代表。土耳其根据土耳其高等教育学院的决定建立土耳其高等教育资格框架，由委员会、工作组在国家一级组织和开展，由国家人权机构协调委员会负责统筹协调。

（二）内外全方位评估体系的确立

2005 年，根据《欧洲高等教育区质量保证标准和准则》，土耳其高等教育委员会制定了高等院校学术评估与质量发展的有关规定，就高校教学科研质量的评估与改进、管理服务、学生参与及外部评价等设定了一系列基本原则，并正式创建了质量评估委员会。质量评估委员会根据高等教育委员会设定的目标与策略框架，决定评估与改进高校学术和行政方面的具体程序，负责协调国家层面质量保障事务与提供信息，同时为外部评估机构设定资质标准。

大学质量评估可采用内部评估和外部评估两种方式。内部年度评估主要由各院校的学术评估与质量改进委员会负责，同时，该委员会也负责外部评估时的前期准备、接待工作。外部评估是由获得质量评估委员会认可的私立、国家或国际性外部评估机构对土耳其国内各大院校进行评估。尽管有些大学在质量评估委员会成立之前就利用诸如欧洲大学协会的院校评估计划等展开外部质量评估，但这种情况在教育改革之前并不常见。相关报告和访谈显示，目前土耳其开展常规内部质量评估的院校比例接近25％，接受外部评估的院校比例接近 24%。

（三）工程类院校的教育改革

工程学院在创建全国性认证体系中做了开创性工作：4 所大学工程学院率先与美国工程技术认证委员会合作，获得了正式的质量认证。以此为契机，2002 年，土耳其所有工程学院系主任联手创建了工程认证委员会。

2007 年，工程认证委员会获得工程类培养计划外部评估执照，获得作为外部独立质量评估机构的身份。这被认为是土耳其在教育质量保证工作方面的一个成功范例。

（四）高等教育质量委员会的确立

根据 2015 年颁布的《高等教育质量保证条例》，高等教育学术评估和质量改进委员会被废除，高等教育质量委员会正式成立。颁布该条例的目的是保证教育培训和研究活动的内部和外部质量，对认证程序和独立外部评估机构程序的授权，以及确定高等教育机构的行政服务有关的要点。根据《高等教育质量保证条例》设立的高等教育质量委员会已根据《土耳其高等教育法》的补充规定进行了重新安排，成为一个拥有行政和财政自主权的公共机构。

该委员会的主要职责是对高等教育机构进行外部评估，评估质量保证机构的注册申请，并向欧盟高等教育委员会提出评估结果，以及在土耳其高等教育系统中传播质量保证观念。在《高等教育质量保证条例》的范围内，每个高等教育机构都必须接受高等教育质量委员会至少每 5 年进行一次的机构外部评估检查。2016 年，多所高等教育机构接受评估，2017 年，50 所高等教育机构进行了评估。目前，接受外部评估的高等教育机构数量逐年上升。

为了在全国范围内传播质量保证观念，高等教育质量局举办相关联的学术研讨会、讲习班和各大主题会议，并发布关于高等教育机构外部评估和自我评估的出版物，开展与高等教育机构质量保证代表的会议、与认证机构负责人的会议以及培训机构外部评估人员的研讨会。2016 年，高等教育质量委员会提出了关于土耳其高等教育机构的认证本科课程的意见，这些课程将被纳入高等教育课程和配额指南中。在《2018 年高等教育项目和配额系统指南》中，国家认证机构在《系统指南》中认证的本科项目数量为 421 个，而国际认证机构认证的方案有 108 个。

（五）高等教育学院改革

2016 年，土耳其高等教育学院实施了"土耳其高等教育系统高等教育学院改革的实施和可持续性"项目，简称为"土耳其高等教育学院改革"。该项目的主要目标群体是高等院校（教职员工、学生）、雇主、高等教育委员会相关部门和认证机构。其他潜在受益者是国家教育部、职业资格管理局和其他国家机构。

三、高等教育资格认证改革

在开发全国资格证书框架方面，2006 年，高等教育委员会创建了全国高等教育资格证书框架委员会，由高等教育委员会和高校代表组成。2008 年，高等教育委员会创建了由大学教师组成的高等教育资格证书工作小组。该委员会和工作小组之间的工作没有明确界限，两者都致力于根据学习结果为所有层级的高等教育制定全国资格标准。资格证书框架也是目前土耳其博洛尼亚改革进程工作的重点。自 2009 年以来，土耳其获得欧洲学分转换系统许可的大学数量达 31 所，是欧洲国家中高等教育学院数量最多的国家，获得文凭补充标签的大学数量达 73 所。

四、高等教育经费投入

尽管土耳其年轻人口比例很大，高等教育入学率也在上升，但是高等教育经费投入比例却仍低于经合组织的平均水平。经合组织成员国的高等教育主要由政府资助，但也有大量且不断增加的私人资助。目前土耳其高等教育支出占公共支出的份额约达 90%，高于经合组织的平均水平。土耳其政府过去对土耳其公立大学的高等教育支出给予大量补贴。学费仅占大学收入的一小部分，这是因为自 2012 年秋季学期起，公立大学对参加常规早教项目和开放教育项目的学生免收学费。

五、科研发展经费投入

随着高等院校越来越多地参与研发活动，研究技术发展经费在高等教育支出中的份额是一个重要的财务指标。研究技术发展经费的支出份额取决于该国的研发支出总和与国家基础设施能力。借助研究技术发展经费，高等教育机构研究活动获得更多受资助的机会，促进了研究基础设施方面的能力发展。

土耳其科学技术研究委员会为土耳其的研究机构提供了 50 多种基于捐款的支持机制，这些机制根据私人和公共部门研究人员、企业家和学者的不同需求而有所不同。目前，上述委员会已经投资了 515 个高校前沿项目，包括信息通信技术、汽车、机械和制造、能源、健康、水、食品、国防和太空等领域。

第七章

土耳其职业教育

土耳其是一个青年劳动力人口快速增长的国家，因此发展本国的教育事业是土耳其建设的重点。自土耳其共和国成立以来，土耳其政府通过完善教育体系、延长义务教育年限、普及初等教育、大力发展高等教育等措施提高国民素质。

　　土耳其职业教育起步较早，在 13 世纪已初具雏形，但是当时的职业教育富有浓重的宗教色彩及局限性。受到工业化进程的冲击后，土耳其职业教育开启了自身的教育转型。随着时间的推移，土耳其职业教育不断发展，体系不断完善，形成了独具特色的办学模式。

　　职业教育对社会经济发展和人力资源开发具有重要意义。同时，随着当代社会工业化和科技的发展，土耳其国内对具备专业知识和技能的人力资源的需求也在不断增加。因此，提升本国职业技术教育的质量始终是土耳其国家教育部的工作重点。

第一节　土耳其职业教育的培养目标与实施机构

一、职业教育的培养目标

土耳其职业技术教育旨在创建一种全新的教育体系，该体系注重培养商业和职业道德，可根据学生个人的兴趣、能力和性情提供适当的学习机会，为学生就业或继续学习做好准备。职业技术教育的主要目的是与社会和经济部门合作，培养具有国际职业能力、职业道德和职业价值观，具备创新、创业、生产能力的合格劳动力。

为培养符合要求的人才，土耳其职业技术教育的重点包含以下内容：以参与性方式管理职业技术教育；确保培训毕业生参加生产活动；不断改善职业技术教育体系并提高其质量；制订符合劳动力市场要求的模块化教学计划；确保教育在社会上的融合，以提高经济效率和竞争力；为个人提供专业所需的必要知识和技能，培养个人适应变化的能力；培养个人在特定领域的基本能力以及有关信息和通信技术的高级技能，以及数字化教育；用学徒制方法教育学生，这是民族文化的基础，并且符合民族职业道德规范。

二、职业教育的重要性

在国家的发展中，培养出高效率的人力资源对于工业化进程是至关重要的。此外，教育水平的提高可以增加国民经济收入，并使收入分配更加公平，从而促进社会的经济发展。职业技术教育能够直接影响个人和社会的经济情况，从而保障国家的经济发展，为国家培养合格的人才。同时，职业技术教育可以协调国家和个人的就业期望，不但培养学生成为良好的公民，也能根据学生的兴趣和能力为他们提供通用文化知识，使学生为继续接受高等教育和适应未来的工作生活做好准备。

三、职业教育的实施机构

土耳其国家教育部是政府主管教育工作的职能部门，统一领导和监督全国的教育事业。土耳其在全国 81 个省都设立教育局，作为地方教育行政组织对各区域教育事业进行管理。土耳其高等教育机构实行自主教育、自主管理。1981 年颁布的《土耳其高等教育法》确立了土耳其高等教育的目标、教育机构的权力和运作等内容。土耳其设立了高等教育委员会、大学校际委员会，并由高等教育委员会负责土耳其高等教育事业的规划、发展与监察管理。

土耳其的职业教育体系是根据 1973 年生效的《国家教育基本法》创建的。随着教育的发展，尽管该法律已经发生了一些变化，但是体系的主要结构并未出现重大的差别。《国家教育基本法》将土耳其职业技术教育的目的定义为："让学生为职业和高等教育以及生活和工作领域做好准备。"该法律将教育系统分为正规教育和非正规教育。1986 年颁布的《职业教育法》对土耳其职业技术教育进行了系统性的规范。该法规定土耳其的职业教育通过正规职业教育、非正规教育和学徒教育进行。虽然土耳其的学徒教育是一种非正规教育类型，但它由非正规教育立法以外的单独法律规定，是一种由企业内提供的实践培训与职业教育中心提供的学校教育相结合的职业教育。

土耳其的正规职业教育分布在高等教育和中等教育中，具体如下。

在高等教育阶段，职业教育由两年制职业学校和四年制职业技术教育学院实施。由土耳其高等教育委员会负责管理。

在中等教育阶段，1992 年土耳其颁布了《土耳其国家教育部组织和职责法第 3797 号法令》，成立了男子技术教育总局、女子技术教育总局、贸易和旅游教育总局、卫生事务部、职业技术教育发展与传播部、教育研究与发展部，分别负责管理不同的职业教育领域。

目前，土耳其正规中等职业教育由国家教育部下属的职业技术教育总局负责。该机构是根据 2011 年颁布的《土耳其国家教育部组织和职责法决议的第 652 号法令》，由之前下属于国家教育部的负责实施职业技术教育的单位合并而成。

土耳其职业技术教育总局的职责和权限如下：

（1）对提供职业技术教育的学校和机构的管理及教育进行研究，并实施确定的政策。

（2）为提供职业技术教育和培训的学校与机构提供教育培训计划、教科书、教学工具和材料，并将其提交给高等教育委员会。

（3）制定关于加强就业和发展职业教育的政策和战略，实行政策并对政策的实施情况进行协调。

（4）根据 1986 年颁布的《职业教育法》，为候选学徒、熟练工和专家提供普通和职业教育。

土耳其职业技术教育总局的组织结构见图 7-1 所示。

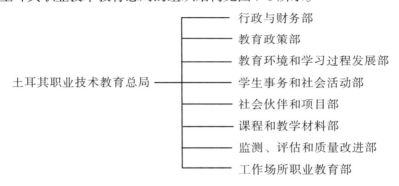

土耳其职业技术教育总局
- 行政与财务部
- 教育政策部
- 教育环境和学习过程发展部
- 学生事务和社会活动部
- 社会伙伴和项目部
- 课程和教学材料部
- 监测、评估和质量改进部
- 工作场所职业教育部

图 7-1 职业技术教育总局组织结构 [①]

土耳其非正规职业教育同样在国家教育部的管理和监督下进行。所有公办和私立机构均可在国家教育部的协调下提供非正规教育。国家教育部下设终身学习总局，负责管理在公共教育中心、职业教育中心、工艺学院、旅游教育中心和职业技术开放教育学校等教育机构开展的非正规职业教育。

土耳其终身学习总局的组织结构见图 7-2 所示。

① MEB.Teşkilat Şeması[EB/OL].[2020-06-05].http://mtegm.meb.gov.tr/www/teskilat_semasi.php.

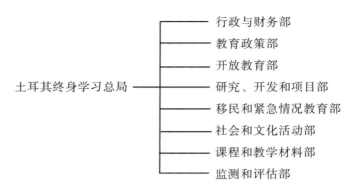

图 7-2　土耳其终身学习总局组织结构[①]

除土耳其国家教育部下属部门外，土耳其非正规职业教育也通过其他组织提供。土耳其就业局是开展非正规职业教育活动的重要公共部门之一，它面向社会组织职业培训课程和创业培训项目，以及针对残疾人、罪犯和前罪犯的职业培训课程等福利项目。作为公共就业机构，土耳其就业局开展非正规职业培训活动的目的主要是提高人们在完成上述课程和项目后的就业能力。

此外，许多公共机构、非政府组织（如基金会、工会等）、大学、私立教育机构都可以开展非正规职业教育活动。

第二节　土耳其职业教育的课程与教学

一、中等职业教育

2012年，土耳其开始实施"4+4+4"的新义务教育制度，即4年小学（1～4年级）、4年初中（5～8年级）、4年高中（9～12年级），取代了此前"5+3"的义务教育制度（即5年小学、3年初中），将义务教育年限从8年延长至12年。土耳其的基础职业技术教育，通常开始于8年的义务教育之后的高中阶段，即9～12年级，学生年龄在14～17岁时。

土耳其中等职业教育分为正规教育和非正规教育。安纳托利亚职业技

---

① MEB.Teşkilat Şeması[EB/OL].[2020-06-05].https://hbogm.meb.gov.tr/www/teskilat_semasi.php.

术高中、多项目安纳托利亚中学和职业教育中心提供正规教育，职业开放教育高中提供非正规教育范围内的职业技术教育。

在 2019—2020 学年，土耳其共有公立职业技术中等教育机构 3 591 所，其中安纳托利亚职业技术高中 2 486 所（占 69.23％），多项目安纳托利亚中学 781 所（占 21.75％），职业教育中心 324 所（占 9.02％）。

安纳托利亚职业技术高中包括职业项目和技术项目两种。前者以职业为导向，无须进行考试即可参加，其课程由公共课、专业课（分为专业通识课和专业分支课程）、辅导与规划三部分组成。后者则不完全以职业为导向，需要通过考试才可以参加，毕业生可通过参加全国统一考试进入高等教育机构继续学习，因此课程任务量也相对较大。

多项目安纳托利亚中学，作为中等教育机构，既可以开设普通中等教育课程，也可以开设中等职业技术教育课程。

职业教育中心是培训机构，开设有职业和技能培训以及职业和技术课程。注册职业培训课程，无须考试和就地安置。在职业教育计划中，学生从 9 年级开始对职业领域和分支机构进行选择。培训需要有一个适合的工作场所，同时要满足主讲师的条件。学生每周在学校进行一到两天的理论培训，在工作场所进行 4～5 天的职业培训。

在职业教育中心接受教育的学生，注册学籍后将接受职业培训和技能培训。职业教育中心要求注册学生学历至少为中学（包括从伊玛目－哈提甫中学毕业），在身心方面适合从事他/她将要参与的工作。职业教育中心（学徒培训）被包括在义务教育范围内，它满足作为经济基础的商人和手工业者的教育需求，通过在职培训来培养学生成为熟练工。同时完成职业教育中心课程以及差异课程并获得了文凭的学生，则可以接受高等教育。在职业教育中心就读的学生从 10 年级开始，会在每个学年结束时参加年终技能考试，在 11 年级结束时通过技能考试的可以被视为熟练工，并在 12 年级结束时进行熟练程度考试。在开始聘用候选人学徒和学徒之前，工作场所的所有人必须与其签订职业培训协议。

目前，土耳其安纳托利亚职业技术高中开设的课程涵盖信息技术、生物医学设备技术、儿童管理和教育、海运、娱乐服务、电气电子技术、手工艺品技术、工业自动化技术、新闻业技术、船舶、食品技术、图书和摄影、美容美发服务、公共关系和组织服务、采矿技术、印刷技术等 54 个领域，以及这些领域下的 199 个分支领域。[①]

从性别角度来看，职业教育毕业生中 55.60％是男性，44.40％是女性。就就业条件和职业条件而言，各领域的性别分布有所不同。男生占比达到或超过 90％的职业领域如下：金属技术、冶金、安装技术和空调、汽车技术、电气电子技术、飞机维修、家具和室内设计、造船、机械技术、工业自动化技术、铁路系统技术以及海洋和农业。女生占比达到或超过 90％的职业领域如下：儿童发展和教育、手工艺、家庭和消费者服务、病人和老人服务、美容和护发服务、服装制造技术以及图书和摄影。

在职业教育中心，课程在 27 个领域和这些领域下的 142 个分支机构中实施。

艺术高中是为普通中学或伊玛目－哈提甫中学的毕业生提供四年制和寄宿教育的机构。这些学校主要在与艺术有关的高等教育机构所在的地方开设。它是为那些在艺术领域有才能并希望在绘画和音乐领域进行训练的学生而设立的。

体育高中实施全日制、寄宿制和男女同校制，为普通中学或伊玛目－哈提普中学的毕业生提供为期四年的教育。这些学校主要在与体育和运动有关的高等教育机构所在地开设。它旨在为学生提供体育锻炼和体育领域的基本知识和技能，为社会提供所需的体育人才。

土耳其职业开放教育高中将远程教育与面授教育相结合，作为开放教育高中的一项计划开始向学生提供教育服务。职业开放教育高中的课程内容与正规教育系统内的职业高中的课程内容相同，但是在结构和功能上与正规教育不同。其教育方式通过远程教育实现，学生毕业需要达到学分制的标准。该教育尽管属于非正规教育，但其课程通常在正规职业教育机构中以面授形式来提高学生的技能。自 2005—2006 学年以来，职业开放教育高中的教育为四年制，学生在 11 年级和 12 年级分别进行职业技能测试和掌握技能测试。

① MEB. Türkiye'de Mesleki ve Teknik Eğitimin Görünümü [J]. Eğitim Analiz ve Değerlendirme Raporları Serisi, 2018(10): 28.

二、高等职业教育

土耳其高等职业教育机构，是以培养技术中级人才为目的的职业学校，是提供高等教育层次职业教育的高等教育机构。在《土耳其高等教育法》中，高等职业学校被定义为"以培养特定专业中级人才为目标，连续进行四个学期教育的高等教育机构"。其中的"中级人才"这一概念在第 6111 号法律中被更改为"合格人力资源"。根据该法律，高等职业学校被定义为"培养劳动力市场所需合格人才的机构"。

高等职业学校最早是 1974—1975 学年在国家教育部范围下成立的，于 1981 年被纳入高等教育委员会体系。根据《职业教育法》，土耳其高等职业教育施行"确保职业技术教育中高等教育层次的完整性和连续性——免试过渡"项目，以提高教育水平和资格，培养学生的竞争优势，满足劳动力市场对合格劳动力的需求。

高等职业教育学校按办学类型可分为三类，分别是在国立大学内设立的高等职业学校、在私立大学内建立的高等职业学校和由基金会根据《职业教育法》框架建立的高等职业学校。高等职业学校可以自主确定学校的职业教育项目和课程内容。这些学校向学生提供技术课程、经济和行政课程、健康课程和海事课程的教学。土耳其高等职业学校的学生与中等职业技术学校的学生一样，有从事企业技能培训的义务。学校要求学生在接受教育的同时，必须在学期和暑假期间的几个月内进行至少 30 ～ 60 个工作日的技能培训。

第三节　土耳其职业教育的保障体系

一、职业教育的相关法规

1973 年《国家教育基本法》规定了教育的宗旨、基本原则和一般结构。该法明确了对各级教育机构、教育工作者、学校基础设施、教材和设备的要求，以及相关机构的职责。

1982 年宪法规定了国家在教育和培训方面的基本责任。

1986 年《学徒制和职业培训法》旨在改善职业技术教育与培训的质量。

2001 年对《职业教育法》进行了修订，且规定了应建立由职业技术教育与培训机构组成的职业技术教育区。该法规定职业技术教育与培训机构毕业生可以继续接受两年的高等教育。[①]

2006 年法律规定建立职业资格中心，目的是根据国内外职业标准确立职业技术教育与培训的国家资格框架。《非正规教育机构法令》对公开课、普通科学文化课程、研讨会及展览等非正规教育活动做出了相关规定。

2011 年土耳其颁布《土耳其国家教育部组织和职责法决议的第 652 号法令》。国家教育部负责将职业技术教育的 6 个单位合并为职业技术教育总局。非正规职业教育和开放教育机构也被纳入土耳其终身学习总局管辖。

随着 2016 年第 6764 号法律的修订，职业教育中心被纳入义务教育范围，与职业教育中心相关的工作流程与职业技术教育总局开始相关联。

二、职业教育的质量保障

土耳其的职业教育体系拥有一个集中的多层管理结构。土耳其的正规职业教育由职业技术教育总局进行管理，非正规职业教育由终身学习总局进行管理。土耳其高等教育委员会负责对中等职业教育以上的职业教育与培训进行管理。土耳其 81 个省设地方教育局，负责在各地区实施职业教育和培训，同时以国家教育部的名义对供应机构进行监测和评估。

此外，土耳其还专门成立了职业教育委员会，负责就职业教育与培训的规划、发展和评估做出决定。董事会每年举行一次会议，成员由各部委、专业组织和工会等大量利益相关者组成。此外，土耳其成立了省级就业和职业教育委员会，以支持有关省级教育和劳动力市场政策发展的监测和决策。

在土耳其，所有关于职业和技术教育的政策都是与这些利益相关者合作确定的。一般来说，以下机构及其代表被认为是职业和技术教育的重要利益相关者：家庭、劳动和社会服务部、土耳其就业局、职业资格管理局、土耳其中小企业发展和支持管理局、土耳其商会和证券交易所联盟、工会和雇主、贸易和工艺协会、教育工会和行业代表。

土耳其的质量保障系统，旨在提供适当和高质量的职业教育和培训。2018年，土耳其发布《确保纳入土耳其资格框架的资格质量保证条例》，国家教育部、

---

① 李亚昕 . 土耳其职业教育的现状与发展趋势 [J]. 深圳职业技术学院学报，2018（3）：91-95.

土耳其质量协会、检查委员会、内部审计部门、战略发展部和省级组织拥有对职业教育和培训中施行质量保证的相关权力。此外，国家教育部负责土耳其职业教育的课程开发、教科书制定和监督。职业资格管理局负责持续对职业教育的质量保证。高等教育委员会和高等教育监督委员会负责高等职业教育的质量保证。[①]

三、职业教育的经费投入

职业和技术教育的资金由国家内部和外部资金两种来源提供。土耳其国家教育部一直在努力为国家支出开发新的筹资资源，以加强教育基础设施和提高人力资源质量。

社会融资是土耳其教育资金的一大来源。自 1980 年以来，为获得更多的社会融资，国家采取了不同的激励措施，例如，将建筑以捐款者的名字命名或减免捐款者的税收。1981—1989 年，在政府的激励下，公共捐款达到了 2 万亿里拉。

为了加强教育投入，国家颁布了特别法律，主要有 1961 年的《初等教育法》、1973 年的《国家教育基本法》、1986 年的《学徒制和职业培训法》、1992 年的《土耳其国家教育部组织和职责法第 3797 号法令》、1997 年的第 4306 号法律。

为了确保职业教育中财政资源的多样性，国家教育委员会做出了一些决定。与以前的委员会不同，在第十二届、第十五届和第十六届全国教育委员会的议程项目中都提到了资金问题，并针对为职业教育寻找新资源的问题进行了讨论。

在 1988 年举行的全国教育委员会会议上，国家教育委员会就资助职业技术教育做出了以下决定：

（1）引入法律法规，使学生能够支付得起中学教育的费用。在进行这种安排的同时，通过奖学金和贷款来支持支付能力不足的学生。

---

① 　European Training Foundation. Meslekî Eğitîmde ve Öğretîmde Kalîte Güvencesî–Türkîye [EB/OL].（2020）[2021-09-30]. https://www.etf.europa.eu/sites/default/files/2021-01/quality_assurance_in_vet_turkey_tr.pdf.

（2）确保周转基金的利润在其自身结构内立即得到使用。

（3）确保在学校中筹集和使用各种捐赠。课程收入、食堂收入和其他类似的当地收入可以应用于同一所学校。

（4）在工业场地和有组织的工业园区内建立免费学徒培训中心。另外，要保证有组织的工业园区按一定标准建设工业职业高中。

在 1990 年非正规教育议程暨第十三届全国教育委员会期间，针对资助职业技术教育做出了以下决定：

（1）从学徒和职业教育发展与传播基金以及第 3418 号税法的收入中增加分配给非正规教育的比例。

（2）通过正规教育的教职人员能在非正规职业教育中任职。

1996 年的全国教育委员会会议就教育系统的经费筹措做出了以下决定：

（1）鼓励职业技术教育机构维护本校和邻近学校的设备以及建筑物。

（2）将循环基金的利润收集到特别基金中，并直接在培训地点使用。

（3）通过在职业技术中等教育机构与职业高等学校之间建立联系，确保这些学校实现资源共享。

（4）应从总预算中扣除职业技术教育发展和传播基金，增加收入，并确保所有收入都在法律规定的范围使用。将中小型工业发展和支持管理局收入的至少 5% 转移给国家教育部，以改善职业教育。

（5）市政当局应积极履行职责，为职业技术教育提供资源和服务，并从市政税收、财产税、环境税和清洁税中分配一定份额用于职业技术教育。

（6）为了鼓励职业技术教育，政府提供住宿、衣物、食品、教具、交通设施、奖学金等援助。

（7）在未来几年中将教育捐款用于职业技术教育。

1999 年，在职业教育议程的全国教育委员会会议上，成立了职业技术教育筹资委员会，同时也提出了有关职业技术教育筹资的建议。

四、职业教育的师资力量

在土耳其，技术教育学院、职业教育学院和贸易与旅游教育学院原本为职业技术中等教育机构培养教师，由于近年来其毕业生面临的就业问题，在土耳其高等教育委员会的建议下，这些学校被议会关闭，取而代之的是新成立的技术学院、艺术设计学院和旅游学院，这些新学院为学生提供职业技术方面的培训。此外，这些学院的毕业生如果学习了教育类课程，就可以到职业技术高中担任教师。

国内外研究普遍发现，对学生的认知、情感和心理运动行为最有效的教育变量是教师素质。在职业课程中，教师对职业教育与培训的有效性和质量产生重大的影响。因此，教师的专业和教学能力直接影响教学质量。与提供学历教育的教师相比，职业教育与培训的教师应该更加努力地提高他们的职业和教学技能。以下是土耳其国家教育部在教师职业和教学发展中开展应用的成果。

作为与各部门合作协议的重要成果，安纳托利亚职业技术高中和职业培训中心对教师的在职培训次数比往年增加了 6 倍。为了提高 54 个领域和199 个分支机构的职业教育培训的质量，实施了强化培训计划，以发展教师的教学技能。在各部门的支持下进行了教师培训，大约 35％ 的职业教育培训教师参加了在职培训，以提高他们的职业和教学技能。

土耳其要求在职业教育领域就职的教师需要具有学士学位，在公立学校就职的教师需要通过公职人员选拔考试，专家讲师需要获得职业领域的专家证书，负责企业实践培训的教育工作者需要通过教育学课程并获得培训专家证书。

此外，每所学校针对入职第一年的教师都配备了指导计划，学校管理人员会在当地检查员的指导下，根据国家规定和当地适用的资格标准对教师教师评估。教师培训和发展总局与地方当局每年为大约 10 000 名职业技术教师进行职业持续发展的规划。[①]

第四节　土耳其职业教育的发展

近年来，土耳其教育部针对职业教育存在的问题不断提出教育发展新

---

① European Training Foundation. Mesleki Eğitimde ve Öğretimde Kalite Güvencesi–Türkiye[EB/OL].（2020）[2021-10-02].https://www.etf.europa.eu/sites/default/files/2021-01/quality_assurance_in_vet_turkey_tr.pdf.

规划，在中等职业教育领域投入大量资金，开办各类职业教育工程，努力构建现代中等职业教育的新发展。

（一）《2023 年教育愿景》下的中等职业教育

土耳其国家教育部于 2018 年提出《2023 年教育愿景》，在此框架下针对职业技术教育共有以下 7 个目标：

（1）提升职业技术教育的价值。

（2）增加人们获得职业技术教育指导和咨询的机会。

（3）开发新一代课程。

（4）开发学习环境和人力资源。

（5）培育外商投资所需的职业人才。

（6）加强职业教育领域教育、就业和生产三者的衔接。

（7）培养地方和国防工业所需的合格人才。

在此框架下，土耳其教育部不断推进职业技术教育领域新发展：成立传统土耳其艺术职业技术高中；同文化旅游部签订职业教育合作协议书，确保学生能够在实际生产环境中接受技能培训并提升外语能力；同土耳其商会及相关商品交易所联盟签署协议，在全国 81 个职业技术学校建立车间和实验室；开设"我的职业，我的生活"网站，构建学生、教师、家长、雇主和相关机构共同在线交流平台；与土耳其统计局合作，监测和评估中等职业技术教育毕业生的就业状况等。[①]

（二）2018 年以来职业教育领域的新举措

（1）职业教育千校工程

土耳其学校之间的巨大差异是土耳其教育系统面临的严重问题之一，土耳其国家教育部多年来一直在努力解决该问题。在此背景下，国家教育部于 2020 年 11 月启动了职业教育千校工程项目，将针对中等职业教育的改革延伸到所有职业学校，缩小学校之间的显著差距。在该项目内，土耳其选择了 1 000 所学生旷课率、辍学率和违反校规纪律比例相对较高，且学业成绩相对较低的学校。考虑到入选的 1 000 所学校有超过 60 万学生在读，

---

① MEB. Covid-19 Salgını Sürecinde Mesleki ve Teknik Eğitim [EB/OL]. （2020）[2021-10-05]. https://saraybosna.meb.gov.tr/www/covid-19-salgini-surecinde-mesleki-ve-teknik-egitim-raporu/icerik/277.

该项目已成为国家教育部开展的规模最大的项目。

职业教育千校工程项目共计投资约 10 亿里拉，涉及管理人员和学生培训、基础技能培训以及个人发展规划等多个领域。在该项目中，国家教育部累计开展主题培训 18 977 次，维护和修缮学校 692 所，新建校内图书馆 1 000 所，完善现有 1 669 所图书馆的科技基础设施，新建车间和实验室 544 间等，为 1 000 所学校建立了物理、化学和生物实验室。同时，该项目为这些学校的教师组织定期的专业发展培训。在面向学生的基本技能培训中，注重土耳其语、数学和科学素养的培养，并为此准备了相关课程和教学材料。此外，国家教育部还准备了一套涵盖土耳其语言文学、数学、物理、化学、生物、历史、地理、宗教文化和伦理、哲学等各学科的辅助资源集，将其免费分发给学生。在抗击新冠肺炎疫情过程中，对学生开展相应的教育活动。①

（2）职教研发中心与知识产权项目

职业教育领域的生产能力和高质量的人力资源为科技研发活动提供了强大助力，土耳其国家教育部在职业教育的研发领域不断采取积极措施以推动其发展。2019—2020 学年起，土耳其职业教育发展重点关注知识产权意识，并深化了同土耳其专利商标局的培训和活动的合作。近十年来，职业教育领域共注册专利和品牌 29 件。在项目开展期间，土耳其注册专利等达到 188 件，超额完成国家教育部设定的每年注册 100 件的目标。

在此基础上，土耳其国家教育部在中等职业教育领域建立了 43 个研发中心。这些研发中心关注国家重点研究和创新领域，基础设施完善，生产能力雄厚。每个中心将专注于不同的领域且相互沟通支持。研发中心将以产品开发、实用新型专利、外观设计和品牌的生产、注册和商业化为工作重点，同时承担教师培训和新一代职业教育课程开发工作。

2021 年初，在土耳其专利商标局专家的支持下，研发中心共计 5 030 名管理人员和教师接受了知识产权和工业产权培训。

---

① ÖZER M. A new step towards narrowing the achievement gap in Turkey: "1 000 schools in vocational education and training" project [J]. Bartın University Journal of Faculty of Education，2021（1）：97-108.

（3）职业高中自产实验装置项目

多年来，土耳其安纳托利亚职业技术高中制作了不同的实验装置。职业技术学校制作的实验装置更适用于课堂教学，也具有显着的教学优势。为此，国家教育部对81个省份生产的实验装置进行了清点，并确认其生产能力。2021年，土耳其国家教育部启动职业高中自产实验装置项目，确定实验装置开始在职高生产。该项目范围内生产的第一批实验装置满足职业教育千校工程项目范围内学校的需求。

（4）职业教育基础设施共享改善项目

研究表明，教育质量和教育效率在配备有更完善和更现代化的基础设施的教育环境中可以得到大幅提升。就教育性质而言，职业教育对于基础设施的要求更高，因此学校车间和实验室的配置情况将直接影响教育质量。一方面，土耳其国家教育部计划关闭部分中等职业学校的一些车间和设备，将其转移到有需要的学校，从而促进教学资源的有效利用。另一方面，为匹配职业高中与产业集群，国家教育部于2019年制定了土耳其职业教育规划，从而加强了职业教育与劳动力市场之间的联系。根据该规划，国家教育部对缺少匹配产业地区的职业教育机构进行重组，并计划将闲置的厂房和设备转移到有需要的学校。

职业教育基础设施共享改善项目与职业教育千校工程项目相关联。职业高中闲置的设备将优先提供给同省的学校。因此，在不需要额外投资预算的情况下，土耳其国家教育部通过该项目使81个省份的职业高中基础设施得到改善。此外，各校间建立了一个共享网络以促进交流。

（5）经济改革方案中的职业教育条例

土耳其正规中等职业教育机构包括安纳托利亚职业技术高中和职业教育中心。在职业教育中心学习的学生每周有一天在培训中心接受教育，其余时间在企业接受技能培训。在四年受教育过程中，职业教育中心向学生提供工资以及工伤保险。职业教育中心的毕业生就业率为88%。安纳托利亚职业技术高中虽然同样拥有较高的毕业生就业率，但是大部分毕业生并不在专业领域就业，且职业高中的毕业学生人数远远超过了劳动力市场的需求。事实上，有近150万学生在安纳托利亚职业技术高中学习，而只有约15万学生就读于职业教育中心。同时，将中等教育中职业教育比例提高到 50% 及以上的建议会导致安纳托利亚职业技术高中学生人数持续增加，从而加重现有困境。在此背景下，需要重新规划职业教育机构的学生分布，以促进职业教育中心发展。

为了解决上述问题，提升职业教育中心的影响力和吸引力，国家教育部首先颁布的措施是确保职业教育中心学生均获得高中毕业证书。新规实施后，职业教育中心入学人数增长 62%。在 2021 年 3 月 12 日公布的经济改革方案中，土耳其政府提出减轻雇主的工资负担和提高熟练工的工资。这一举措通过增加职业教育中心的学生人数来降低失业率。此外，第 3308 号《职业教育法》提出彻底免除用人单位为在职业培训中心就读四年的学生提供工资的负担，转为从失业保险基金中支付这笔费用。在这些改革措施基础上，职业教育中心的境况得到了永久的改善，土耳其的职业教育将迈入一个崭新的阶段。

在诸多新举措实施后，土耳其中等职业教育质量得以提高，逐渐与劳动力市场建立了健康的关系，但是土耳其中等职业教育是否获得成功的重点是毕业生在劳动力市场中的地位。因此，国家教育部仍需继续监测和调研职业教育毕业生是否与劳动力市场的要求匹配，以及就业率和工作条件等情况。

总的来说，土耳其在许多方面一直是一个对比鲜明的国家。一方面，20 世纪的历史和政治发展将土耳其推向世俗主义和欧洲化；另一方面，今日的土耳其依然受到奥斯曼帝国历史和伊斯兰文化的深厚影响。随着贸易国际化程度的提高，技术工人已成为该国重要的竞争优势。土耳其国内对具备专业知识和技能、与服务和生产领域的技术发展相适应的人力资源的需求也在不断增加。因此，职业技术教育对土耳其而言至关重要。在未来一段时间，为职业技术教育机构完善质量保证体系、监测评估职业技术教育毕业生在劳动力市场的就业状况及其向高等教育的过渡情况、将多种数字技能引入职业教育新课标等仍然是土耳其职业教育需要继续发展的方向。

第八章　土耳其教师教育

教师的培养在教育系统中意义重大。在土耳其，现代化的教师教育始于坦齐马特时期，进入共和国时期后，又经历了一系列改革。从 20 世纪 90 年代开始，培养教师的责任被移交给高校。土耳其高校的教育学院，为不同学科的教师设计了不同的培养方案。教育学院毕业生入职前后，都将持续获得培训。本章将介绍现代土耳其教师的培养目标与实施机构、课程与教学、保障体系，同时对土耳其教师教育的历史和现状做出相应阐释。

第一节　土耳其教师教育的培养目标与实施机构

一、历史沿革

教师是教育体系中的基本要素。教育质量在很大程度上取决于教师的素质。教学的历史虽然可以追溯到远古时代，但教师作为一种职业出现，却是随着现代学校的出现而开始的。

土耳其的教学专业化进程可以追溯至1848年。在奥斯曼帝国时期，已经存在为培训教师单独开设的学校。1848年开设的第一所师范学校"Darulmuallimin"是土耳其迈向教学专业化的第一步。

此外，初等教育机构马克塔布也同样有着对教师的需求。这类初等教育机构通常开设于清真寺中和清真寺旁边，学校的教师是从受过宗教学校教育的人中挑选出来的，为到了学习年龄（一般为4～5岁）的孩子教书。1857年教育管理机构成立后，于1868年以"Dârülmuallimîn-i Sıbyân"之名开设了一所两年制的师范学校，以满足这些学校的教师需求。

在土耳其共和国成立的头几年，识字的年轻下士和中士，被分配到村庄担任"临时教师"教授短期课程。1936年，埃斯基谢希尔市的学校进行了为期4个月的课程，从该课程毕业的84名培训生去往安卡拉的村庄担任教师。在接下来的几年里，其他地区开设了培训师课程。另外，1960年实行的政策规定，高中毕业或同等学历的人接受教学专业课程后，将被允许在农村担任教师。1974—1975学年，为防止大学拥挤，函授高等教育中心成立；在这种情况下，3年内大约有45 000名学生参加了夏季短期（5周）课程的教学计划。1974年"夜间教育"计划培训教师约15 000人，函授教育培训教师42 141人，1978年"速成教育"计划毕业生约70 557人。1975—1976年，部分学生因高等教育机构意识形态分歧而中断接受教育，他们于1977—1979年接受"加速课程"计划教育。在那3～4年间，3万多人通过这种方式获得了教师资格证。1980 年之后，大约 5 000 人的教师资格证被国家教育部取消。

进行专业培养、提升教师教学质量、解决教师短缺问题是教师教育工作的重点。

二、教师的培养目标

教师是人类历史上古老的职业之一。作为一门特殊的职业，社会对教师的要求不仅限于专业技术层面，还伴随着极高的道德要求。

在经历过百年的尝试和改进后，土耳其于 1998 年通过土耳其高等教育委员会发展项目，与世界银行合作，开始了第一次正式的教师资格研究。《教师职业能力》最早由国家教育部起草，2002 年生效。《教师职业能力》规定，土耳其的教师培训计划旨在为未来的教师提供三大类知识，即学科领域知识、教学法知识、一般知识。因此，一个普通的教师应该在他所教授的学科领域（如历史、化学）拥有可靠的、丰富的经验和知识。2006 年、2017 年土耳其又分别出台和修订了《教师职业综合能力》。

要明确教师培养的目标，就要明确教师职业的重要地位。《教师职业综合能力》指出，教师能力是决定教育质量的重要因素之一，因此，提高一个国家教育成果的最直接方法就是提高教师素养。作为教育的发起者和实践者，教师是教育体系中最重要的元素，因此培训合格的教师一直处于社会议程内。教师培养系统将对教师的素质产生重大影响。可以预见，科学的教师能力水平评估和职业能力培训系统，将对教师的社会地位产生积极的影响。

《国家教育基本法》规定：教师是一种担负着国家的教育、教学和相关管理职责的专业化职业。教师应以与土耳其国家教育目标和基本宪法相适应的方式履行职责。入职前的教师培训，应提供通识教育、专业领域的教育和教学方法等方面的课程。《国家教育基本法》阐明了教师们供职的学校的职能以及管理细节。教师是教育系统中最有效也是最重要的组成部分，教师教育的最终目的是培养有能力的教师。

土耳其国家教育部前部长伊斯麦特 • 伊尔马兹曾指出，当前时代所要求社会中的个人需具备的资质越来越不同，但无论这种期望如何变化，习得这些品质的最重要途径还是教育。长远来看，教师在为学生和整个社会输送技能和价值观方面需要承担多种责任。此外，在现代社会中，教师不仅仅是负责教育和培训的技术人员，更应该成为学生和社会的榜样。伊尔马兹强调，要根据社会对教师的期望定义称职教师的标准，并依此制定教师培训政策。

随着科学技术的发展，整个人类社会都发生着剧烈的变化，这种变化不仅仅体现在社会经济和文化结构方面，也体现在人们的工作、生活方式以及精神状态方面。土耳其国家教育部前部长的讲话，也体现了教师这一角色在 21 世纪教育中的重要性，教师教育的培养目标，就是建设有能力的教师团队。教师教育是成功的关键，训练有素的教师团队可以最大限度地缩小学校之间的差距，降低学生面对的考试压力。

出于这一考量，土耳其国家教育部近年来开展了全面的研究，成果即《教师职业综合能力》这一文件，其中有如下规定：关于教师所需具备的能力，对不同学科教师的评估方法不能一概而论，因此需创立一个能涵盖每个教师在各自领域的通用能力评估方法。教师职业通用能力包括三个领域：职业知识、职业技能和职业态度及价值观。

《教师职业综合能力》的前身为《教学专业的一般能力和子能力》，由高等教育委员会、国家教育部、教师培训局以及教育研究与发展局组织研究。专家学者对于不同国家的教师资质文件针对相同的主题和术语进行了分类研究，最终达成共识，将从如下几个领域评判教师的能力：个人职业价值观和职业发展，了解学生的程度，学习和教学过程，对学习发展的监管和评估，与学校、家庭和社区的关系，教学计划和内容。

以上几个维度确定了教学专业综合能力所包含的范围，它由 31 个子能力和 233 个与这些能力相关的绩效指标组成。2017 年，绩效指标更新为从职业知识、职业技能和态度及价值观 3 个领域评价，由 11 个子能力以及 65 个绩效指标组成，对此前所规定的教师职业能力进行了大幅度的提炼和浓缩。

在《教师职业综合能力》的更新工作中，许多利益相关者都参与其中，同时得到许多院士和教师的帮助以及各部门的协助。在此过程中，国家教育部参考了欧洲委员会、世界银行、国际劳工组织、经济合作与发展组织、联合国教科文组织和联合国儿童基金会等国际机构的教育和教学有关的基本政策文本，以及美国、澳大利亚、芬兰、法国、英国、加拿大和新加坡等许多国家的教师资质文件。在资质更新研究的过程中，没有为每个教学领域确定单独的专业领域能力，而是增加了一般能力、职业知识和专业教育知识能力的要求。因此，土耳其创建了一个统一的文本来涵盖每个教师在各自领域的能力。（见表 8-1）

表 8-1　2017 年《教师职业综合能力》文件

能力领域	子能力
职业知识	学科知识
	学科教育知识
	法规知识
职业技能	教育教学规划
	学习环境构建
	教学进程管理
	量化与评估
态度及价值观	民族精神
	对学生的态度
	交流与合作
	个人与职业发展

《教师职业综合能力》的"职业知识"标题下，涵盖了学科知识、学科教育知识和法规知识；"职业技能"的标题下，涵盖了教育教学规划、学习环境构建、教学进程管理、量化和评估；"态度及价值观"标题下，涵盖了民族精神、对学生的态度、交流与合作、个人与职业发展。它对于不同领域的能力和子能力做出阐述，并以此作为胜任指标。可以说这份文件列出并简要解释了教育系统对于教师的期望。[1]

---

[1]　TOSUNTAŞ Ş B. Öğretmenlik Mesleği Genel Yeterliklerinin İncelenmesi [J]. Academy journal of educational sciences，2020（1）：53-61.

与此同时，这些资质要求被传达给各个高等教育机构的培训教师，以在本科教育过程中进行必要的安排。

根据《教师职业综合能力》，教师职业相关的各种考试，如公职人员选拔考试、教学专业知识测验和口试，旨在衡量候选人资质，以便准教师可以为这一职业做好准备。

《教师职业综合能力》帮助教师衡量他们的专业能力，确定他们的当前状况，设定发展目标并为实现该目标制订必要的实践计划。

三、教师教育的实施机构

在教师培训方面，土耳其拥有源远流长的历史传统。本着对此方面的重视，教师培训体系在百余年来得以不断地发展更新。

为满足高等军校对学生的需求以及 1838 年开设的中等军校对教师的需求，1848 年，奥斯曼帝国第一次在伊斯坦布尔开设了现代意义上的初等教育教师的培训学校。这种学校起初只招收男生，培养会阿拉伯语、波斯语和算数的学生。这也标志着土耳其教师培养领域的开端。

1924 年，土耳其颁布《教育统一法》。该法规定，土耳其进行教育改革，为实现教育的国家化、世俗化、现代化，使分散的教育机构结合起来，政府以国家教育部的名义，对教育事务统筹规划。根据该法成立了创办于 1926 年的土耳其最早的三年制师范学校，初等教师培训流程由五年小学、三年初中以及三年职业培训组成。在代尼兹利和开塞利开设的乡村教师学校招募的小学毕业生，经过三年的培训后，被任命为乡村教师。直到 1935 年，师资培训领域都处于一个比较动荡多变的时期，而乡村教师教育也并没能获得理想的结果。

虽然 1926 年开设的乡村学校没有成功，但土耳其在 1936 年开设了讲师课程，1937 年开设了乡村教师学校以培训乡村教师。这些学校根据 1940 年颁布的《乡村学院法》转换为乡村学院。

根据 1940 年颁布的《乡村学院法》成立了乡村学院，起初从已有的乡村教师学校中展开实践。这些学校从乡村选拔学生，并在当地培养他们。到 1953 年，乡村学院的数量已达到 21 个，再加上三年制高中级别的师范学校，组成了可以满足初等教育教师需求的两大师资来源。乡村研究所因

1954 年通过的 6234 号法律而被关闭。

1973 年通过的《国家教育基本法》规定各级施教机构与组织在选拔教师时，应将接受过高等教育是最基本的条件。随即，在 1974—1975 学年初等教师培训学校被关闭了，取而代之的是两年制的教育学院。

1981 年出台的《土耳其高等教育法》将入职前教师培训完全交给了大学的教育学院承担，专科学校实现了向大学的转型。1982 年，国家教育委员会做出规定，要在各级教育和培训机构中任职的教师至少需要接受四年的学习，因此，高等教育委员会将教育类高校的年限从 1989—1990 学年延长到了四年。同时，高等教育委员会还制定了有关教师专业教学计划的全面规定。由此可见，高等教育委员会不仅将教师培训纳入大学管理，同时还对教学专业进行了全面的规定，并且至今仍然履行着对大学专业设置进行评估更新的职能。

第二节　土耳其教师教育的课程与教学

一、教师培养方案的变迁

《国家教育基本法》规定，教师应以与土耳其国家教育目标和基本宪法相适应的方式履行职责。入职前相关部门应组织教师培训，提供通识教育、专业领域的教育和教学法等方面的课程以及相关能力的培养。

从土耳其共和国成立到 1982 年，曾存在多种附属于国家的教师培养单位，如教师学校、乡村学院、教育学会和高等师范学校以及大学院校的有关部门等。每种教师培训机构的课程与教学都具备自己的特色。

这些机构中，特别是乡村学院和高等师范学校的模式，在土耳其的教育体系上留下了浓墨重彩的一笔。

乡村学院创办于 1940 年，1946 年后一度转换为乡村教师学校，最终于 1954 年全面关闭。乡村学院通常建立在可耕地附近的村庄，目的是向村民传授耕作技术。乡村学院的课程既有理论课程又有实践课程，该机构一年提供 11 个月的教育。该机构同时还培训小学教师，提供的教学专业课程包括社会学、商业教育、儿童和商业心理科学、商业教育史、教学方法和运动等科目。

　　高等师范学校前身是奥斯曼帝国时期的初等教育教师培训学校，共和国成立后转型。高等师范学校的课程通常包括通识课、专业课和教学专业课。其中，各学科领域课程占 63.6%，教学职业知识课程占 36.4%，课时量会根据年级的不同有所区别。此外，在第 7 和第 8 学期高等师范学校的学生必须参加由教育部指定的高中分支机构相关课程的至少 20 小时的实习研究。[①]

　　1982 年生效的《土耳其高等教育法》，标志着教师培养机构的发展迈向了一个全新时代，教师培训体系获得了新的结构和地位。该法规定，所有教师培养机构都立足于大学之中。截至 1982 年，此前存在于国家教育部附属学校内的教师培养项目，随后被转移到大学里。教师培训局与高等教育机构进行持续、有效的协调与合作，在培养更多合格的教师方面取得了重大进展。

　　1990 年土耳其政府与世界银行签署的贷款协议的框架内，国家教育部和高等教育委员会合作，自 1998—1999 学年以来培养教师的高等教育组织开展了全新的模式。

　　土耳其的教师教育，基本上是由教育学院的四年制本科课程提供的。但是，拥有其他专业的学士学位或文凭的毕业生，如果能学习完教师资格课程，获得教育学课程证书，也可以申请成为教师。在土耳其，硕士学位不是成为教师的必要条件，但是有些教师也会为了在学术环境中提高自己而选择读研深造。

二、教育学院的课程方案

　　教师是履行教育职能的重要要素之一，要成为合格的教师，必须具备教师必须掌握的知识、技能和态度。

（一）教师培训体制

　　从教学资格课程来看，土耳其的教师培训课程可以看作为混合型模式。在初等教育领域，班主任和副科教师的培养模式为 4 年制的本科课程，

---

① 　Gelişli Y. Öğretmen yetiştirmede Ankara yüksek öğretmen okulu uygulaması[EB/OL]. [2021-10-22]. https://dhgm.meb.gov.tr/yayimlar/dergiler/Milli_Egitim_Dergisi/149/gelisli.htm#top.

对于初等和中等教育中的共同副科（美术、音乐、体育、外语）教师以及职业技术学校职业课程教师的培养模式为 4 年制本科。教育学院可提供培养中等教育领域教师的 5 年制无论文的硕士项目。而科学及文学院可提供培养中等教育教师的 5.5 年制无论文的硕士项目。

双学位实习：为了使同一名教师可服务于多个学科，双学位实习已引入初等教育教师培养计划中。

（二）教育系课程变更

通过 2006 年的一系列努力，高等教育委员会决定对应用于教育学院的部分课程方案进行更改。根据新规定，从比例来看，课程内容包括 50% ～ 60% 的专业知识和技能，25% ～ 30% 的教师职业知识和技能，15% ～ 20% 的通识教育课程；随着必修课程的规定越来越灵活，学院将有权自主确定大约 30% 的培养方案；课程中将增加一门名为"社会服务实践"的新课程。

在此次教师培养方案的更新中，最大的变化是增加了社会服务实践课程。该课程在整个培养方案中占据一学期时长，为必修课。在课上，学生们准备一些项目，指出当前社会的问题并提出解决方案。此外，在课程范围内，鼓励学生参加科学活动，如小组会议、研讨会、代表大会、座谈会等，让学生作为听众、演讲者或组织者出席活动。学生在这些研究中的成果将作为社会服务实践课程的评估依据。

在 2006 年教师培养方案变革中，强调了批判性思维、创造性思维、沟通、研究、解决问题、决策、信息技术、企业家精神、有效使用资源等方面的重要性。

（三）新版教师培训本科课程

在 2017 年高等教育委员会举行的会议上，国家教育部部长介绍了新版教师培训本科课程，其中更新了 25 个与教师职业有关的本科专业课程。

本科教学课程分为 3 类：教师职业知识、通识教育、专业教育。

课程类别中，教师职业知识课程占 30% ～ 35%，通识教育课程占 15% ～ 20%，专业教育课程占 45% ～ 50%。如此一来，在教师培训本科课程中形成了一个通用的核心课程模式。

（1）教师职业知识课程方面。更新了科学研究方法（教育中的研究方法）、教育科学导论（教育简介）、测量和评估（教育中的测量和评估）的名称和说明。课程完全保留，但其定义已更新。特殊教育和指导课程，将所有准教师在实践中需要的知识和技能纳入考虑。通过丰富其内容，以学校指导的形式开展特殊教育和全纳教育。由于课程的内容存在争议，"教学技术和材料开发"课程已从该系及其专业中删除，其定义已更新并以"教学技术"的名称存在。删除"校园经验"课程，因为它在功能上无法有效覆盖，因此将其内容与"教学实践"课程结合在一起。该教学实践课程分两个阶段进行，即计划中的"教学实践 1"和"教学实践 2"。教育社会学、土耳其教育史、教育哲学课程在某些课程中作为选修课包括在内，这些课程作为所有本科课程中的通识职业必修课程而开设。此外，在所有培养计划中，与教师职业道德和品质相关的教育道德和道德课程均作为必修课程。

（2）通识教育方面。"外语 1"和"外语 2"课程的语法教学内容，因教学任务负担过重而被删除，教学目标转换为获取实用的语言经验，教学内容与日常生活相关联并时常更新。"土耳其语 1"课程的内容包括书面表达和口头表达，"土耳其语 2"课程的内容被重新组织为学术语言的使用和写作。目前已从培养方案中删除了"计算机 1"和"计算机 2"课程，取而代之的是"信息技术"课程，包含教育教学相关科技的培训技术。"社会服务实践"课程已成为所有培养方案中的必修课。

（3）专业教育方面。取消了"特殊教育管理 1"和"特殊教育管理 2"课程，取而代之的是与相关专业教学有关的课程，新计划对以前被压缩为"特殊教育管理 2"课程的相关内容，如"教与学的方法""教学方法""教学方案"等，给予了更多重视。

专业教育课程将专业方向的名称添加到课程名称前，并将"教学方案"和"教与学方法"名下的课程定为公共的"专业教育"课程。因此，尽管现有的方案中仅有一门与专业方向的教学直接相关的 3 学分的课程，但是在更新后的方案中，课程的数量和学分都至少增加了四倍。

与教学方向没有直接关系的专业课程已被删除（如初等数学专业中的"物理 1"和"物理 2"课程）。

参考国家教育部教学课程的学习方向，组织由多个子领域组成的方案中的专业教育课程。例如，在初等数学教学专业方案中，包括算数教学、几何与测量教学、代数教学与概率统计教学课程。

对于彼此密切相关的课程方案（如语言教育方案），在符合全球趋势的情况下，对课程方案中的课程名称、术语和内容进行了规范。

当前课程方案中时长一个学期的"教学实践"课程，现已扩展为两个学期的"教学实践1"和"教学实践2"课程，其目的是使职前教师在学校学习的时间更长，并参与更多教学实践活动。

为了使准教师可以选择和使用更高质量的教科书，在课程的标题前添加专业方向的名字来进行分类，便于准教师进行选择。

在体育教师专业培养方案中，取消了原先用于培养运动员的方案，并且添加了与体育教育和健康生活有关的课程（尤其是针对残疾人的康复训练课程）。

在计算机和教学科技教师专业培养方案中，删除基础计算机知识的课程，并增加了信息化教学相关的课程，如信息技术，编程和机器人应用，教育中的建模、设计、图形和动画。

在地理教师专业培养方案中，将文理学院的地理课程删除，并增加了日常生活使用场景下的实用知识，如地图的使用、灾难以及抗灾教育等内容。

生物、物理和化学教师专业培养方案已从文理学院的课程中删除，增加了生物、物理、化学的教学课程以及关于日常生活中实用知识的课程。

科学教师专业培养方案不再是物理化学和生物的混合式培养方案，而是将科学推理技能、跨学科科学教学、环境教育、校外学习环境与科学教学、自然科学与科学教学这些扫盲性的课程和科学教学课程列为重点。

在初中数学教师专业培养方案中，取消文理学院的数学课程，使其与数学教学紧密结合，通过解决问题、逻辑推理、数学教学建模等课程达到数学扫盲的目的，并将数学教学列为重点。

在音乐教师专业培养方案中，取消以西方音乐为主导的课程，设置西方音乐和土耳其音乐并重的课程，将音乐教学列为重点。

在学前教育教师专业培养方案中，取消以儿童发展为主导的方案，增加基于性格和价值教育的儿童艺术、游戏和音乐教育等课程，以更关注幼儿教育的方式进行了更新。

第三节　土耳其教师教育的保障体系

一、入职前教师培训保障

土耳其的准教师教育可以追溯到 20 世纪 30 年代。《中小学教师的奖惩》规定，准教师以候选人身份开始实习，并且在实习期结束时获得培训记录和鉴定报告的准教师可获得教师的头衔。根据 1943 年颁布的关于小学工作人员的法律，实习人员的实习期可以持续一到三年，而实习人员合格与否由委员会评定。1985 年《公务员法》规定，将由教育部实施的培训计划分配给学校实施，由校长和辅导员负责培训准教师，实习期至少为一年，最长为两年，并且给那些实习合格的实习生授予教师的头衔。1995 年颁布的法规规定了准教师培训的三个阶段：第一阶段为基础教育，第二阶段为预备教育，第三阶段为应用教育。[①] 在土耳其，大学为有意愿成为教师的学生提供四年制的本科教育。从 2000 年开始，毕业生在四年本科教育结束后需要参加公职人员选拔考试，分数合格后可在国家教育部下属的学校就职。2014 年，《国家教育基本法》对准教师的教育进行了如下安排：准教师应至少实习一年，成功通过绩效评估的人将有权参加笔试和口试，连续两次考试不及格的人将被解雇。根据 2015 年发布的《教师任用和调动规定》，公职人员选拔考试和教学专业知识测验包含通用能力测试、通用文化测试和教育科学的教学领域知识测验，合格的教师必须担任实习教师一年，同时，在此期间进行三项表现评估并通过随后的笔试和口试。在该过程结束时取得合格的准教师，将在一年结束时担任常任教师。这项新规定适用于 2015 年 8 月后任命的教师。[②]

国家教育部旨在通过 2016 年首次实施的名为"准教师培训"的项目来填补教师培训过程中的空白。虽然准教师们在培训前已经学习了理论和实

---

① Ekinci A, Bozan S , Sakız H. Aday Öğretmen Yetiştirme Programının Etkililiğine İlişkin Aday ve Danışman Öğretmen Görüşlerinin Değerlendirilmesi[J]. Ankara Üniversitesi Eğitim Bilimleri Fakültesi Dergisi, 2019（3）：801-836.

② CENGİZ E. Milli Eğitim Bakanlığı Tarafından Uygulanan Aday Öğretmen Yetiştirme Sürecine İlişkin Yapılan Çalışmaların Analizi[J]. Eskişehir Osmangazi Üniversitesi Sosyal Bilimler Dergisi，2019，20：829-849.

践知识，但没有接受职业教育，其资质的认定仍有争议。通常来说，教师职业技能水平除了源于学术知识，更多是来自工作中的积累，因此，"准教师培训"项目将提供更多实践机会。

当时新任命的约3万名教师接受了为期6个月，共24周的培训。前14周为准教师提供总共474小时的培训课程，14周之后，考生将在10周的时间内参加总计168小时的在职培训。在职培训内容涉及国际教育发展、国家和国际教育项目，此外，还包括社会责任项目、成瘾问题和指导、媒体素养和社交媒体使用、案例研究和评估、社会和文化活动、文化和本国文明的精神教育、教育理解和沟通技巧基础等内容。准教师培训计划包括课堂和学校培训384小时、课外活动90小时、在职培训168小时，总共642个小时。

土耳其政治、经济与社会研究院针对2016年被任命的约3万名教师进行了一项研究，在这项研究中对国家教育系统实施的全新的准教师培养模型进行了监测和评估，共给17 619名准教师发放了问卷，在安卡拉、伊斯坦布尔和迪亚巴克尔与39名教师进行了面对面的访谈。除教师会议外，还与教育部代表、教育协调员和学校行政人员举行了会议。这项研究将土耳其教师状况与世界上在教育领域比较成功的国家进行了对比。根据调查和面对面访谈的结果，超过一半的教师在职业准备和职业发展方面对培训进行了积极评价。

如上所述，国家教育部从2016年3月开始对所有将被任命为国家教育部下属学校教师的教师实施准教师培训计划。根据培训计划，准教师可以在他们心仪的任何城市接受培训，并且在此过程中可以免除授课、自修或值班等职责。教师培训与发展总局2017年发布的一则通知规定，在2017—2018学年进行的培训过程中，准教师将需要履行独立授课、助教、值班等职责。在此期间参与的课程和备课任务将计入培训计划的"授课安排和准备/评估（144小时）"以及"授课实践（90小时）"的时长中。在培训过程中，准教师将在学习课程框架内每周旁听授课2小时。因此，准教师将首先在学校里旁听顾问教师的课程，而后旁听自己分支机构内的其他教师或其他分支机构教师的课程。顾问教师每周至少要旁听2小时准教师的授课实践，而准教师每周将进行4小时的校内观察和实践。

除了在顾问教师陪同下进行的活动，准教师还需阅读在教学和教育文献中占有重要地位的各种书籍，并观看反映不同国家有关教育和教学实例的电影，组织研讨会和会议，了解达成国家教育目标所需的知识、技能、价值观和操守。这种做法对准教师和顾问教师的职业发展都非常重要，国家教育部将根据此项目收到的反馈做出改进，确保长期进行。

2018—2019 年期间共有 20 483 名准教师完成培训过程。截至 2019 年 9 月 17 日，有 49 300 名教师（合同 / 长期员工）在接受准教师培训，其中 22 500 名准教师有资格参加终止候选期考试。

二、教师在职教育保障

据《2023 年教育愿景》和第十一个发展计划，土耳其计划将教学课程转变为灵活的、模块化的和适用的结构：减少必修课程的时间和类型，以提供足够的时间进行深入且富有个性化的教学，但前提是必须保留有关基本技能的必修课程；进行必要的研究，以调整所有教育级别的课程表，为有特殊需要的个人制定课程，增加终身学习计划的种类和质量，并记录其成果；计划在课堂中引入新方法，并根据全国各地的教育水平和学校类型，实施多样化的语言培训计划；使用框架中基于游戏的学习方法进行教学；在课堂上采用差异化教育模式，在这种模式下，根据学生的知识水平设计课程，将个人的学习需求放在首位；通过跨学科的方法，确保将数学、科学、社会科学和视觉艺术等不同学科整合到英语教学中，并使学生能够将外语运用到不同领域。

根据《2023 年教育愿景》，土耳其已经完成了"线下 / 线上"模式的设计，为教师培训和学校管理人员的职业发展系统打下基础。在这种模式下，开设学校管理、教师指导技能、家校合作、土耳其语运用、文化、体育、职业道德、特殊教育、科学技术教学设计、外语、乡村教学和个人发展等领域的各种能力课程，提供对应的证书，并进行试点。这些课程证书包括：

全面教育背景下的学校行政人员职业发展课程证书、学前班和班主任的指导技能课程证书、家校合作证书、根据本民族文化地理环境为土耳其儿童提供的土耳其语言教育课程证书、在全面教育背景下教授土耳其语作为第二语言课程证书、土耳其语运用和发音训练证书、戏剧教育课程证书、博物馆教育课程证书、讲故事课程证书、教学职业道德课程证书、自闭症职业发展课程证书、针对特殊教育儿童的体育教师职业能力课程证书、法语教师职业能力课程证书、德语教师职业能力课程证书、英语教师职业能力课程证书、阿拉伯语教师职业能力课程证书、在多班级任职的乡村教师支持课程证书、智力游戏课程证书、益智游戏课程证书。

除了提供这些能力认证证书，教育部还根据教师职业和个人发展需求、国际机构的合作协议及其他的培训需求，准备了如下在职活动：首次任命的准教师培训、高级职务预备培训、教育专家培训、个人和职业发展培训、针对多专业教师的定向培训。

考虑到当前的教师数量，不可能在所需地区和时间范围内为所有的教师提供面对面的培训，因此教育部已开始同时提供远程教育与面授相结合的培训。

三、经费支持保障

根据 1982 年生效的《土耳其高等教育法》，入职前教师培训职能完全由大学的教育学院承担。土耳其教育具有高度集中的管理结构，教育政策由国家教育部指导，在高等教育领域，由高等教育委员会指导。此外，土耳其教育由公共资助，但学校可以接受家长的捐助。中央和省级政府负责学校的人事和财务管理。高等教育机构有一定的自主权，但中央政府监督高等教育机构的资金和学生入学考试。因此，在土耳其，高等教育机构被归类为半公共性质的机构。

截至 2013—2014 学年，大约 85% 的高等教育服务由省立大学提供。接受高等教育或继续其学业的个人需要支付一定费用。此外，《国家教育基本法》规定，虽然高等教育是有偿的服务，但可以向没有经济能力的在校生提供奖学金、贷款、住宿。另外，大多数学生会从某些助学组织获得奖学金以支付这些费用，少数学生还可以从事创收工作。

针对在职教师的培训，主要由教师培训与发展总局负责，其职责包括制定政策以确定和提高教师的资格和能力，并以此目的与有关单位、机构和组织合作。该局还免费向在职教师提供培训课程、教育活动、准教师培训等。此外，该局对于在此类培训课程中任教的教师，将支付额外工资。

在规定了国家公务员的服务条款、资质、任用和培训、提升和晋升、职责、权利、义务和责任、薪金和津贴以及其他人事信息的《公务员法》中，对发放给教师的教育津贴进行了明确的说明。

一旦成为官方任命的教育教学服务领域的教师，实际任教人员将会在每学年的第一个月内，收到由国家教育部部长确定发放日期、由董事会决定发放数量的学年教育津贴。除印花税外，该津贴无须缴纳其他税款和扣除额。

在 2020 年最新公布的中央财政预算法提案和相关条款中，政府将根据《公务员法》支付学年准备津贴；在学年首月后至第一学期结束之前入职的人，将获得 75% 的津贴，在第一学期以后和第二学期结束之前入职的人将获得 50% 的津贴。除津贴外，签署长期合同的教师收入由工资及附加课时费组成。

在土耳其国家教育部官方发布的关于附加课程费用的说明中，介绍了附加课时费的算法。该文件将国家教育部所属教育机构的教师，根据所在学校和教学领域，分为"学前教师、班主任教师""通识与职业课程教师""讲习班教师、实验室教师"三类。其中学前教师、班主任教师每月课时数达到 18 小时，超过部分可获得最多 12 小时的附加课时费；通识与职业课程教师每月课时数达到 15 小时，超过部分可获得最多 15 小时的额外课时费；讲习班教师、实验室教师每月课时数达到 20 小时，超过部分可获得最多 24 小时的额外课程费。此外，在周六、周日以及暑假期间，额外执行课时职责的教师，也会得到额外的课程费用作为回报。

与发达国家相比，土耳其基于教师资历的收入增加幅度较小。根据经济合作与发展组织 2020 年发布的报告，从所有经济合作与发展组织成员国的平均数值来看，具有 15 年资历的教师工资与起薪相比增长了 38.42%。在土耳其，具有 15 年资历的教师工资与新入职时的起薪相比，仅增长了 6.63%。[①]

---

① OECD. Education at a glance 2020：OECD indicators ［EB/OL］.（2020-09-08）［2021-11-08］. https://doi.org/10.1787/69096873-en.

四、教师工作负荷

在工作负荷方面，教师最主要的工作量来源于授课时长。根据经济合作与发展组织的数据（见表 8-2），不同教育阶段的教师的平均净教学时间有所不同，经济合作与发展组织的平均数据为：小学为 778 小时，中学为 712 小时，高中为 680 小时。土耳其的教师平均授课时长分别为小学 718 小时、初中和高中 503 小时。相比于荷兰、爱尔兰、芬兰、挪威这些国家，土耳其教师的授课时长总和较少，且低于经济合作与发展组织的平均水平。

表 8-2　2019 年按教育程度划分的教师每年教学小时数

单位：小时

国家／地区	高中	一般初中	一般小学	学前教育
哥斯达黎加	1 254	1 254	1 176	804
智利	999	999	999	999
美国[1,2]	966	966	1 004	1 011
立陶宛	907	907	835	640
苏格兰（英国）	855	855	855	855
墨西哥	853	1 014	780	519
哥伦比亚	845	845	960	768
澳大利亚	820	820	880	624
新西兰	760	840	922	1 230
卢森堡	739	739	810	880
荷兰	720	720	930	930
爱尔兰	704	704	905	—
拉脱维亚[1,2]	695	621	572	1 368
法国	684	684	900	900
西班牙	669	669	871	869
匈牙利	648	652	652	1 318
欧盟 23 国平均数	645	663	738	1 042
意大利	626	626	766	945
以色列	623	694	835	1 019
德国	622	651	698	1 755

续表

国家／地区	高中	一般初中	一般小学	学前教育
瑞士①、②	621	748	785	756
比利时（荷兰语区）	620	665	746	731
葡萄牙	605	605	761	845
奥地利	598	617	792	—
希腊	597	611	660	836
捷克	592	620	620	1 302
比利时（法语社区）	589	650	708	766
爱沙尼亚	571	606	588	1 332
斯洛伐克	564	649	733	1 144
斯洛文尼亚	564	620	620	1 308
芬兰	551	592	677	—
韩国	545	517	676	782
挪威	523	663	741	—
日本③	511	615	747	—
土耳其	503	503	718	898
波兰	470	475	554	1 075
冰岛	456	603	603	1 577
丹麦	—	709	718	—
经济合作与发展组织平均数	680	712	778	993

注：①实际教学时间（拉脱维亚学前班除外）。②拉脱维亚与瑞士为2018年的数据，美国为2016年的数据。③每所学校在学年开始时的平均计划教学时间。

衡量教师工作量的另一个基本标准是课堂容量。课堂容量的增加，意味着教师工作量和工作压力的增加。

在土耳其，公立学校和私立学校之间的平课堂容量存在明显差异。2019年，经济合作与发展组织成员国平均公立小学班容量为21.1名学生，私立小学为19.7名学生；而土耳其公立小学的平均班容量为23.4名学生，私立小学为17.3名学生。

除了平均班级人数外，师生比也是反映教育环境特征的重要数据之一。

2019 年，经济合作与发展组织成员国平均小学师生比为 1∶15，中学师生比为 1∶13，高等教育师生比为 1∶15；在土耳其，小学师生比为 1∶18，中学师生比为 1∶13，高等教育师生比为 1∶23。[①]与经济合作与发展组织的平均水平相比，由于土耳其各阶段教师所负责学生数量较多，其工作量也随之增加。

① OECD. Education at a glance 2021：OECD indicators［EB/OL］.［2022-05-11］. https://doi. org/10.1787/b35a14e5-en.

第九章

土耳其的教育改革

在如今这个日新月异的时代，教育体系必须不断地更迭，才能与时代契合。土耳其政府同样也在不断地探索更适合国情的教育体制。国际著名教育改革理论专家哈维洛克教授认为，教育改革就是教育现状所发生的任何有意义的转变。教育改革是一个系统工程，应该包括各级各类教育。各级教育有其自身的特点，在不同阶段有不同要求。婴幼儿与少儿、基础教育与职业教育、中等教育与高等教育都各有不同规律。教育改革的重点内容应包括人才培养体制、考试招生制度、建设现代学校制度、办学体制、管理体制和扩大教育开放等。

土耳其政府高度重视教育改革，颁布一系列政策推进改革进程。改革期间颁布的教育改革政策不仅影响了土耳其的教育水平，还进一步影响了土耳其的社会民生和国家政治。在土耳其政府的领导下，土耳其力图培养出有良好的判断力和善良的新一代。土耳其政府对国际化教育极为重视，为土耳其人民和世界人民搭建一个长效的、有影响力的平台提供了动力，为增进彼此的相互理解，深化人文交流做出了贡献。土耳其还将继续不遗余力地发挥优势，向世界传播古老帝国瑰丽的文明和多种文化碰撞后形成的火花。

第一节　土耳其教育改革的具体政策

一、学科方面的教育改革

（一）语文学科改革

1. 改革过程

奥斯曼土耳其语混合了土耳其语、波斯语和阿拉伯语，土耳其语、波斯语和阿拉伯语属于三个不同的语系，这三个语系在语音、语法和词源原则上有很大不同。

由于这些原因，19世纪的现代主义知识分子开始呼吁对语言进行改革。他们提倡使用一种更易于阅读和书写并包含更多纯土耳其语单词的语言。当时的学者编写了《奥斯曼语规则》，这是一本用土耳其语、阿拉伯语、波斯语三种语言写作的语法教程，简明易懂，长期以来被当作课本使用，为当时的语言教育做出了很大贡献。

随着土耳其共和国的建立，凯末尔将语言改革作为民族主义计划的重要组成部分。目标是通过改革产生一种更现代、更实用、更精确、更易学的语言。语言改革要求对口语和书面语进行彻底改变，这个过程是通过两个基本策略——采用新的字母表和词汇的净化来完成的。土耳其语文改革的最初目标是形成土耳其的民族身份认同和意识形态认同，为土耳其语和土耳其民族身份认同建立联系；采用一种简单易学、适合土耳其语的文字系统，使土耳其普通民众也能掌握，便于以后对西方科学文化知识的学习。

土耳其语言革命于1928年正式开始，先是第1288号法令规定用拉丁数字体系代替原本的阿拉伯字母数字体系，接着教育部成立的语言委员会研究了法语、德语、英语、意大利语、匈牙利语等多种文字体系后，提出设定新字母表。1928年，凯末尔在伊斯坦布尔的萨拉基里奥角公园做了一次讲话，把土耳其字母介绍给土耳其人民。1928年11月1日出台了1353

号法令《关于新字母的使用》。① 至此，土耳其文字改革的工作基本完成。

2. 改革影响

土耳其文字改革对加强土耳其语与土耳其民族之间的联系起到了积极作用，使土耳其群众的识字率大幅提高。

然而，土耳其语文改革使人们对旧文字逐渐感到陌生，能够读懂旧文字系统书写的文章的人越来越少。无法读写原来的文字作品，就会导致与传统文化发生割裂，从而产生文化断层；原来的词汇库变得贫乏，词义表达笼统、不够精确，多个意思相近的词只能用一个词来表示，对语言的使用产生了不利的影响。但就历史意义来说，土耳其语文改革是土耳其现代化改革中十分重要的一环，是实现世俗主义教育的一项重要举措，语文改革使土耳其的文盲率大大降低，为现代土耳其教育奠定了基础。②

（二）英语学科改革

土耳其位于亚欧交界，作为承载东西方文化的桥梁，具有极其重要的战略地位。经过长期的历史沿革，英语教育已发展为土耳其实现国际交流、提升国际地位的重要战略领域。特别是 20 世纪 80 年代以来，随着全球化深入发展和土耳其加入欧盟组织进程的加快，土耳其政府采取了一系列新的政策举措，强化英语教育，在英语教育政策、教师教育和教学方法上呈现出新的发展态势。目前，英语已成为土耳其最主要的外语语种和唯一列入国家教育体系的外语类必修课程。

1. 土耳其共和国成立后的初期改革

土耳其英语教育最早源于 19 世纪坦齐马特时期的教育西化运动，但真正具有现代意义的英语教育开始于 1923 年土耳其共和国创建之后。1939 年，国家教育委员会第一次大会首次提及了外语教学议题。1955 年创办的安纳托利亚学校，将英语作为数学、科学等主干课程的教学语言。从 20 世纪 80 年代中期开始，受全球化影响，将英语作为教学语言的学校数量快速增加，仅 1987—1988 学年就有近 200 所中学将英语作为教学语言。1956 年创建的

---

① 郁斐.土耳其的语文改革及其在现代国家构建中的历史作用［D］.上海：上海外国语大学，2018：14-15.

② 同①摘要Ⅱ.

中东技术大学成为第一所将英语作为教学语言的公立大学，而 1984 年创建的比尔肯特大学是第一所将英语作为教学语言的私立大学。目前，土耳其几乎所有的私立大学都将英语作为教学语言。①

2. 1997 年英语教育改革

1997 年，由于学制前延和"交际"理念引入，土耳其教育体制经历了一场重大变革，各级各类学校的英语教育发生了根本性调整，旨在提升国家英语教育的有效性。这次英语教育改革的重点是将英语课程开设时间由原来的初中提前到小学 4 年级。确立中学英语课程的目标是通过听、说、读、写四项技能的整合，提高学习者的基本交际技能。从这个意义上讲，1997 年英语课程改革第一次将"交际"概念引入英语教育。②

3. 21 世纪初英语教育改革

21 世纪伊始，在加入欧盟进程中，基于欧盟英语教学标准，土耳其国家教育部开始在欧盟框架下对英语课程体系做出重大修订。新修订的课程更加注重英语教学的"交际"理念，倡导主题性学习、功能性学习、项目导向学习和任务导向学习等多种学习方法，并引入了"功能－意念和技能为本"的学习模式，以增强学习者的英语语言习得和交际能力。新英语课程改革还强调通过诗歌、戏剧、绘画等活动方式，鼓励学生自主学习。在英语学习评价改革方面，国家教育部引入了"欧洲语言档案袋"评价工具，对学生英语学习的过程进行真实性、形成性评价。另外，2011 年国家教育部启动的"外语教学提升工程"又将学校英语课程开设的时间提前至学前教育阶段。③

从土耳其的英语教育改革历程可以看出，外部环境的变化是其英语教育变革的根本逻辑动因。在教学方法上，土耳其英语教学方法经历了由"语法翻译法"到"直接法""听说法"，再到目前的以"交际语言教学法"为主导的多元方法的变革过程，这体现了英语教学顺应社会环境变化的客

---

① 杨晓斐. 土耳其英语语言教育变革与启示：教育政策、教师教育与教学方法［J］. 黄河科技大学学报，2015（1）：111-116.

② 同①.

③ 同①.

观逻辑规律。[①]

（三）科学学科改革

1924—1974 年，土耳其的初等教育课程中并无独立的科学课程。科学课程在一定程度上被划进生命教育的范畴中。1957 年，苏联发射了世界上第一颗人造地球卫星，带动了其他国家科学和技术方面的改革。土耳其也进行了科学教育的改革。1974 年，土耳其的科学课成为独立的学科。从1990 年起，土耳其开始对全国的教育体系进行重构，在世界银行的资助下，高等教育委员会和英国文化协会制定了一套教师教育体系的标准。2004 年，国家教育部更新了小学课程，教学理念、教学风格、师生角色、课程组织等都发生了重大变化，改革以建构主义的教学方法为基础，培养学生的批判性思维、创造力、沟通能力、解决问题和调查的能力，强调决策过程和普及信息技术的使用。新的科学课程是建立在建构主义和积极的哲学基础上的学习。2011 年，中等教育课程进行改革，基础科学课程改为生物、物理和化学课程，强调结构主义教学方法、关键概念、螺旋式课程和科学过程技能等。2012 年，延长义务教育至 12 年。从 20 世纪 90 年代开始的这场改革运动提升了人们对科学教育的研究兴趣，土耳其科学方面的研究也急剧增长。

二、教育层次方面的改革

（一）学前教育改革

学龄前教育阶段为 0～6 岁，在这一阶段，儿童在生理、认知和情感上都有快速的发展。学龄前儿童具有创造性、独立性和想象力。因此，学前教育的质量直接影响着之后的教育，甚至是终身教育。在欧盟国家，人们强烈地意识到学前教育的重要性，并投入大量的资金和人员。希望成为欧盟成员国的土耳其也试图完善其学前教育体系，从而达到欧盟国家的标准。

土耳其学前教育可以追溯到奥斯曼帝国时期，当时土耳其学前儿童主

---

① 杨晓斐. 土耳其英语语言教育变革与启示：教育政策、教师教育与教学方法［J］. 黄河科技大学学报，2015（1）：111-116.

要是在一些机构接受宗教教育。在小学，5～6岁的儿童接受写作、阅读《古兰经》和祈祷的训练。直至巴尔干战争之后，学前教育才逐渐普及起来。

1913年，土耳其颁布了第一个临时初等教育法令，该法令促使土耳其第一所幼儿园成立并由小学进行管理。1980年，土耳其仅仅有11个学校机构为早期儿童提供教育，到1990年，提供早期教育的机构增加到3 374所。尽管培养机构数量已经有所增加，但是在20世纪90年代初，土耳其能接受早期教育和保育的儿童人数仍旧非常有限。①

2007年，土耳其国家教育部为学前教育的未来七年颁布了"七年规划（2007—2013年）"，明确提出幼儿入园率达到欧盟国家或者经济合作与发展组织成员国水平的要求。2009—2010年，土耳其教育部在35个城市启动了一项旨在使所有5岁儿童都有机会接受学前教育的计划。② 2015—2019年，国家教育部确定了幼儿教育战略计划：提供多样化的服务模式，增加对学前教育的参与，扩大弱势背景家庭对学前教育的参与，降低学前教育成本。

与此同时，学前教育教师的教育课程改革也提上日程。为了满足学前教育课程改革的需求，采取积极有效的学前教育教师教育改革、提升教师和学前教育质量已经成为土耳其教育部门的重要任务。

（二）基础教育改革

基础教育作为土耳其国民教育体系中涵盖范围最广、涉及人群最广泛的一部分，事关土耳其儿童健康成长、国家发展、民族未来，受到土耳其政府的高度重视。土耳其政府为所有适龄儿童提供义务教育，包括初等教育和中等教育两部分。

1997年，土耳其开始普及8年制义务教育。2012年，土耳其对教育系统进行了结构性改革，开始实施"4+4+4"教育体系，即4年小学、4年初中、4年高中三级教育体系。

此外，这次改革还增加了职业教育部分，将宗教学校重新纳入教育系统，并立法规定所有初中和高中都必须开设和《古兰经》相关的选修课。

---

① 张文桂.土耳其学前教师教育课程改革评述［J］.外国中小学教育，2015（7）：47-52.

② 同①.

（三）高等教育改革

20 世纪 30 年代，在"洪堡"模式的影响下，土耳其高等教育体系开始发展。20 世纪 60 年代，土耳其的高等教育快速发展。融合西方高等教育体制成为土耳其制定高等教育政策的一个重要因素。2001 年，土耳其正式成为博洛尼亚进程的签署国，引进了一系列的政策措施，在高等教育领域进行了深刻的变革。土耳其的大学积极参与欧盟委员会的"苏格拉底计划"和"伊拉斯谟计划"，旨在提高学生和教师在欧盟、欧洲经济区国家和其他欧盟候选国间的流动性。越来越多的土耳其大学生在其他参与国的大学完成了海外学习，土耳其的大学也接收来自国外的学生。

随着《土耳其高等教育法》的通过，土耳其进一步改善其高等教育体系，高等教育学位体制改革进一步深化，实现和欧盟国家学位结构的对等。土耳其在加入博洛尼亚进程前，高等教育体系中早已形成学士、硕士和博士三级学位体系（除了牙医学、医学、兽医学等几个专业）。第一级学位体系需要四年，第二级学位体系需要两年。此外，还有就读两年的副学士学位。每一级学位体系相互衔接，以便学生继续深造。这样看来，加入博洛尼亚进程似乎不需要对土耳其高等教育学位体系进行重大的变革。根据《2007—2009 年国家高等教育年度报告》，97% 博士学位以下的学生注册了两级学位体系。但学位体系的改革不止包括三级学位体系，还包括欧洲学分转换系统、课程的改革等。欧洲学分转换与积累体系的建立，目的是方便学生从一所高校转到另一所高校就读，使其在其他国家高校获得的学分能得到本国完全认可，在整体上促进了师生的跨境流动性。所以，土耳其在高等教育三级学位体系改革方面面临的挑战不大，但学分转换与累计和课程改革仍处于过渡阶段。①

2013 年，时任土耳其科学、工业和技术部副部长戴维称，为实现土耳其到 2023 年从目前世界第十七大经济体跃升为第十大经济体的目标，并通过形成知识经济体摆脱"中等收入陷阱"（指当一个国家的人均收入达到中等水平后，由于不能顺利实现经济发展方式的转变，导致经济增长动力

---

① 郝国伟. 博洛尼亚进程下的土耳其高等教育改革 [J]. 内蒙古教育（职教版），2016（10）：26-27.

不足，最终出现经济停滞的一种状态），土耳其必须加强建设世界一流大学，加强大学、科技创新机构和产业界之间的联系。戴维认为土耳其必须拥有更智能的机器、更高效的企业，而大学建设对于土耳其的经济发展方式转型起着核心作用。为了实现 2023 年的目标，土耳其必须改革高等教育。

目前，土耳其高等教育的转型进程已经开始，高等教育领域不断扩大。学生结构多元化、基础大学数量也随之增加。高等教育委员会将不断提高教育质量，协调和发展高等教育的社会和经济关系，推出如下新举措。

（1）Mevlana 交换计划。该计划面向国际学生和土耳其公民，由土耳其高等教育机构和其他国家高等教育机构提供，目标是突破地域限制实现世界各地之间的学生和工作人员的交流。学生可以在国外学习一个或两个学期，教师可以在国外工作两周至三个月。

（2）以项目为基础的国际交流计划。该计划是高等教育委员会迈向高等教育国际化的又一重要步骤。项目选定经高等教育委员会执行委员会批准，旨在促进高等教育机构之间的合作。

（3）土耳其科研人员流动奖学金计划。该计划是针对为高等教育国际化做出贡献的土耳其人和巴基斯坦人提出的一项合作倡议。该计划的目的是支持研究生的学术工作和工作人员流动，促进两国机构之间的科技合作发展。

（四）远程教育和开放教育体系

远程开放学习是土耳其高等教育近年新发展的一项主要内容，是实现高等教育大众化的主要支柱之一。土耳其非常重视教育立法。1981 年颁布的《土耳其高等教育法》赋予大学开发和开设远程教育专业的权力。为了更好地保证质量，高等教育委员会对远程教育和开放教育进行区分：远程教育是指师生不在同一个地点，主要通过同步信息通信技术进行教学的一种教学模式；开放教育则比较灵活，是使用传统教育媒体（如教科书、电视、无线电广播等）的自定进度学习模式。

远程教育第一次出现是在 170 多年前，并在 60 多年前被引入土耳其教育系统。1927 年，为了提高土耳其人民的识字率，在一次会议上第一次提出了远程教育模式的函授课程，但这在当时的条件下是无法实现的。

土耳其远程教育真正开始于 20 世纪 50 年代末。1961 年，在国家教育部支持下，函授课程中心开设了成人技术技能课程和入学学习者预备课程等相应课程，但这种教育的质量还不够好。1981 年，土耳其开始了全国扫盲运动，颁布了《土耳其高等教育法》，大学被要求开始提供远程教育。1982 年，阿纳多卢大学组建了开放大学，开设了第一门远程教育课程。 从那时起，除了阿纳多卢大学，还有许多其他大学，如中东技术大学、萨卡里亚大学、比尔肯特大学都开始了自己的远程教育。开放大学和开放高中每年为数千名学生提供课程。1999 年 12 月，高等教育委员会组建了国家信息学会，将远程教育纳入当前的教育体系。

如今，许多土耳其大学正在开发自己的远程教育环境。一般来说，土耳其远程教育是通过单向技术向学习者提供学习内容的。因此，为了获得更有效的学习环境，双向技术的需求是显而易见的。美国麻省理工学院的"开放教育资源"就是这方面一个很好的例子。政府应该为那些负担不起上大学的费用或没有足够的时间去高等教育学校学习的人提供更多的远程教育，试图将其富裕的西部地区的教育资源分享给以发展农业为主、人口稀少的土耳其东部地区，以提高东部地区的学习和教育水平。

土耳其拥有世界上最大的远程教育大学。土耳其的人口超过 8 000 万，在籍远程开放教育学生人口接近 340 万，即使不计"休眠"学生（即目前没有继续缴费注册，但随时可以在开学前重新缴费续读的学生），也有 120 多万名在读学生。以 2016—2017 学年为例，全日制高等教育学生和远程开放教育学生几乎"平分天下"，分别占全国高等教育学生总数的 52.2% 和 47.8%。由此可见，远程开放教育在土耳其高等教育体系中扮演着非常重要的角色。[①]然而，在远程教育的技术方面，土耳其与美国和欧洲相比仍然落后。

展望未来，基于因特网的远程教育将越来越重要，越来越成为一种公共教育产品。显然，在未来，远程教育将在土耳其占有越来越重要的地位。

---

① 孔达奇, 贝登利耶, 艾登, 等. 数字时代远程开放教育: 土耳其篇 [J]. 中国远程教育, 2019(10): 52-63，93.

第二节 土耳其教育改革走向

一、土耳其 2023 年教育愿景

（一）教育愿景

自 2002 年以来，教育体制改革一直是正义与发展党议程上的重要项目。土耳其政府希望通过解决土耳其教育系统的不足，来实现土耳其的长期发展。该党的宗旨是在教育体系下培养具有良好的判断力和善良的个人。基于此，2018 年 10 月 23 日，土耳其总统雷杰普·塔伊普·埃尔多安在国家教育部组织的 2023 年教育愿景计划中发表讲话，并发布了《2023 年教育愿景》报告，希望 2053 年和 2071 年的土耳其教育体系将实现这一愿景。[①]

首先，总统在讲话中强调了教育的重要性，计划在土耳其共和国成立一百周年之际实现设定目标：侧重于灵活的课程、更少的学时和更丰富的多样性。时任教育部部长表示，该计划的一个关键组成部分将是教师教育的变化。政府将与高等教育委员会合作，建立一个系统，用于从小学开始检查学生的技能，并引导他们进入他们最突出的学习领域。政府将改变孩子只专注于考试而远离课外活动的心态，降低考试的重要性。其次，总统在讲话中强调了教师的重要性，许诺将把教师的标准提高到他们应得的水平，出台相关法律以改善他们的工作条件。[②]

针对土耳其近年提出的"2023 年百年愿景"中关于土耳其教育的部分，认为要改变之前的消极学习态度，培养具有自主意识和好奇心的学习者，以及将学习本身视为奖励的儿童。学习可以以任何形式开展，不应仅局限于教室。具体的实施内容和措施如下：

（1）保留必修课程和基本技能的学习，但是减少必修课课时数和课程类型，将更多的时间分配到课程深化和个性化上。

（2）在每个学校都成立"设计－技能"实验室，发展学生的兴趣和才能，这些实验室将与特定的职业联系起来，帮助学生认识自己，培养学生

---

① MEB. Güçlü Yarınlar Için 2023 Eğitim Vizyonu［R/OL］.（2018-10）［2021-10-28］. https://www.gmka.gov.tr/dokumanlar/yayinlar/2023_E%C4%9Fitim%20Vizyonu.pdf.

② Politics Today. Turkey's 2023 education vision［EB/OL］.（2018-10-25）［2021-10-28］.https://politicstoday.org/turkeys-2023-education-vision/.

的问题解决能力、批判性思维、生产力、团队合作能力。课程将强调生产、互动和深化，而不是测试和讲课。

（3）将在全国范围内建立起学校级别的数据系统，负责对学习活动的规划、管理、监察、评估和发展。这个由教师、家长、学校、行政人员、教育管理人员使用的数据库将简化和整合教育系统，减轻教育工作者的工作负荷。

（4）将建立起对学生的电子评估系统，监测、评估、追踪孩子的幼儿期至高中教育结束的表现。这一评估系统将考虑学生各方面的幸福和个体人生目标等多样化因素。通过考试筛选学生的学校数量将会减少，并且改善学校和学习的生态系统。①

（二）教育预期

以下从各个维度介绍 2023 年土耳其教育的发展预期内容。

1. 技术

预期 1：所有教育部门的决策都会数据化。

预期 2：学校层级的数据库将被建立并推广使用。

2. 教育评价体系

预期 1：简化计量和评价方法，提高教育质量。

预期 2：将监测学生的社会、文化和体育活动。

预期 3：降低升学考试的压力。

预期 4：建立基于资格的评价方式。

3. 人力的发展与管理

预期 1：教师和学校管理人员的专业发展将进行重组。

预期 2：人力资源将强调效率和公平回报。

4. 学校财政

预期：融资方式将更加多元化。

5. 监管和组织指导服务

预期：监管与组织指导服务将进行重组。

---

① MEB. Güçlü Yarınlar Için 2023 Eğitim Vizyonu［R/OL］.（2018-10）［2021-10-28］. https://www.gmka.gov.tr/dokumanlar/yayinlar/2023_E%C4%9Fitim%20Vizyonu.pdf.

6. 心理咨询与指导

预期：心理咨询将与其需求量匹配。

7. 特殊教育

预期：特殊教育组织提供的服务将得到进一步改进。

8. 特长教育

预期1：为学生提供特长教育的教育机构的组织架构与课程流程都将得到进一步改进。

预期2：学生特长的评估工具与方式将得到进一步改进。

预期3：将为特长生开发特殊课程，并配备特殊教育材料。

9. 外语教育

预期1：外语教育方案将按照学校水平和类型在全国范围内统一定制。

预期2：在引入新的教育资源后，学生可以亲身体验英语世界。

预期3：外语教育教师素质将得到进一步提升。

10. 教育中的数字内容和以技能为导向的转型

预期1：将建立电子信息相关的生态系统。

预期2：教育内容将被更新，在数字领域提供教师培训。

11. 儿童早期教育

预期1：将规模化地进行儿童早教。

预期2：将为幼儿教育服务开发一个综合系统。

预期3：改善弱势群体的幼儿教育质量。

12. 基础教育

预期1：小学和初中将基于学生发展进行重组。

预期2：创新实践将得到鼓励支持。

预期3：学校之间的差距会缩小，整体质量得到提升。

13. 中学教育

预期1：在中学阶段，将根据学生的兴趣爱好和个性特点来灵活制定课程安排。

预期2：学术知识将被整合进实操性更强的技能教学。

预期3：学校之间的差距会缩小。

预期4：学校寄宿设施的服务标准将得到改进，服务质量将得到提升。

14. 自然科学、社会科学高中

预期 1：自然科学、社会科学高中的教育水平将得到良好的提升。

预期 2：高中与高等教育院校之间的直接联系将会进一步加强。

15. 宗教学校

预期 1：宗教学校的课程、学习材料和语言学习内容将得到改进。

预期 2：宗教学校与高等教育院校的联系将会加强。

16. 职业技术教育

预期 1：职业技术学校将会得到更多的重视与认可。

预期 2：职业技术学校将会获得更多的指导咨询机会。

预期 3：新一代的课程安排将会投入使用。

预期 4：教育环境与人力资源将会被优化。

预期 5：企业对外投资所需的职业人员将接受培训。

预期 6：职业技术学校的教育和就业之间的联系将会进一步加强。

预计 7：职业技术学校会培养更多地方和国防工业所需的优秀人才。

17. 私立教育

预期 1：民办教育机构管理效率和检查制度将进一步改良。

预期 2：认证培训机构的质量将进一步得到提高。

18. 终身学习

预期：将进一步提高终身教育课程的获得机会与课程质量。

二、土耳其教育走向国际

20 世纪以来，教育国际化成为热词，这是第二次世界大战后国际相互交流、研讨、协作，并解决教育上共同问题的发展趋势。国际教育组织如雨后春笋般纷纷冒出，如 1945 年联合国教育、科学及文化组织成立，其宗旨是推动各国在教育、科学、文化方面的合作。随后，国际教育局、经济合作与发展组织、东南亚教育部长组织等亦纷纷成立，研讨世界各国共同关心的教育问题。各国文化教育交流日益频繁，教师、研究人员交往增多，留学生增加，教材交流与协作增强。各国均致力于改革学制的封闭与孤立状况，使本国学校与国际上的各级各类学校发展趋向一致，这使得各国教育在对象、制度、内容、形式、方法等方面的共同点也日益增多，国际化趋势日益加强。

21 世纪的世界是一体化、全球化的世界，各个国家在科技、贸易和旅游等领域进行着激烈的竞争。而高等教育由于其巨大的潜力，早已成为世界上国际竞争中重要的部分。因此，不论是发达国家还是发展中国家，都在不遗余力地制定和实行高等教育国际化战略。而随着高等教育的国际化发展，各国都将在学术、经济、政治、社会和文化等方面直接或间接地建立新的关系，对于这一趋势的发展信念也在日益增强。

在此环境之下，为了提高土耳其区域教育强国的地位，土耳其高等教育委员会内部成立了国际关系部门，以严肃的态度将"国际化"这一概念纳入项目计划和研究范围内，列为一项公共政策。国际化是高等教育委员会用于增加跨文化对话、谈判和互动，通过分享研究和知识向外界开放的有效手段之一。国际学生项目和交换项目，亦是公共外交下双管齐下的最理想的选择。教育国际化的一个重要组成部分就是高等教育国际化，高等教育国际化的主要组成部分是国际学生的招生，发展国际分校，实施学生、教职工和学者交流计划、课程国际化以及建立区域和国际机构之间的研究和教育合作伙伴关系。土耳其高等教育委员会将国际化事务作为首要目标，首次发布了一份为期五年的（2018—2022 年）高等教育国际化目标的战略性文件，并与公众一同分享。通过此份战略性文件内所采取的策略和开发的项目，土耳其正在迅速成为高等教育领域中备受瞩目的国家。

（一）土耳其与中国

1. 土耳其的孔子学院与汉语教育

近三十年来，全球各国与各高等教育机构在与联合国"十七项可持续发展目标"保持一致的情况下，致力于推行教育以及服务的国际化和跨文化研究。中国作为全球第一大发展中国家，与"一带一路"倡议的枢纽之一——古代丝绸之路的天然汇合点土耳其进行了密切的合作。

2012 年以来，中土关系稳步发展，双边贸易大幅增长。两国官员的定期互访也促进了位于亚洲大陆东西两端的两国之间的文化交流。

在中土两国政府的支持下，土耳其的中东技术大学、海峡大学、奥坎大学、晔迪特派大学等设立了孔子学院，多所土耳其高校设立了汉学系，通过开展丰富多彩的教学和文化活动，推动中土人文交流进一步升温。

其中，土耳其中东技术大学孔子学院创办于 2008 年 11 月 28 日，它由中国国家汉语国际推广领导小组办公室直接领导，由中国驻土耳其大使馆提供支持，是土耳其中东技术大学和中国厦门大学共同合作创办的非营利性公益团体。它以推广汉语和传播中国文化为宗旨，是在土耳其开办的第一所孔子学院。

土耳其民众现在可以在全国至少 10 所大学学习汉语，这些汉语学习机构主要分布在伊斯坦布尔和安卡拉等大城市。在安卡拉市中心的卡格里语言学校，为有能力与中文教师面对面交流来学习中文的中年学生开设课程。

孔子学院在土耳其的创办，为土耳其民众提供了一个了解中国的窗口，促进了两国文化的交流。在孔子学院等机构的推动下，汉语学习在土耳其由小众逐渐走向大众。

2017 年，在中国国务院新闻办公室的支持下，土耳其加齐大学与中国人民大学共建"中国馆"，该馆也是世界上首个中外大学合作共建的"中国馆"项目。

语言为纽带，文化做桥梁。随着中土友好的民意基础不断夯实，"到中国去"成为越来越多土耳其青年学生的人生选择。

2. 土耳其的汉学研究

土耳其的汉学研究是在凯末尔的领导下开始的。德国的汉学家及社会学家沃尔夫拉姆·艾伯哈在土耳其将研究重心集中在中国历史、民俗、民间文学以及生活在中国的少数民族的历史和文化。艾伯哈的众多学术著作为土耳其汉学的发展奠定了基础，为土耳其带来了大量关于中国各个时期的历史文献资料和百科全书。

土耳其本土培养的第一位汉学家是穆德勒，她做了大量中国哲学、中国文学等方面的研究。第一部由汉语翻译为土耳其语的著作就是她完成的，中国文化经典之一的《论语》也由她翻译完成。作为一位对中国十分感兴趣的土耳其汉学家，穆德勒将中国古典诗歌翻译为土耳其语，并将中国的土耳其学研究成果与本国学者进行分享。

土耳其的汉学研究机构和孔子学院相继成立，为土耳其的汉学研究发展提供了强有力的支持。就汉学研究机构而言，安卡拉大学、埃尔吉耶斯大学和法提赫大学也开展了汉语语言和文学教育，奥坎大学还设置了汉语翻译和口译专业，这为大量有志从事汉学研究的学者提供了契机。伊斯坦布尔大学文学院也于 2009 年 8 月在东亚语言和文学系设置了汉语语言和文学专业。①

土耳其新生代汉学家吉来作为从事中土两国关系研究的知名汉学家，致力于向土耳其介绍中国文化，他先后翻译了中国文学作品——张炜的《古船》、阿乙的《下面，我该干些什么》、格非的《隐身衣》和霍达的《穆斯林的葬礼》②，为中土文化交流桥梁的搭建添砖加瓦。

3. 土耳其吸引中国留学生

土耳其与中国不断加强教育合作，在 2016 年的欧亚国际高等教育峰会上，土耳其的大学纷纷表示希望寻求扩大与中国大学合作的机会，吸引更多学生到土耳其就读。伊斯坦布尔艾登大学对外联络人塞尔曼·阿尔斯兰巴什表示，中国长期活跃于世界高等教育市场，值得土耳其学习。目前，伊斯坦布尔艾登大学已就学生和学者交流、合作办学以及开设免费土耳其语、中文课程等项目与北京师范大学、华南师范大学、上海大学签订了协议。在中国驻土耳其大使馆的资助下，学习中文的土耳其学生还能免费赴中国留学。这些年轻人将是推动两国文化交流的使者。时任土耳其教育部副部长的奥尔罕·埃德姆在峰会上也表示，土耳其正在制定新政策，为土耳其大学接受更多外国留学生就读创造更多的机会。③

（二）土耳其与欧美、中亚国家

土耳其作为一个拥有数千年丰富历史文化的国家，位处东西方交汇处，汇集了不同的文化、宗教、人民、生活方式和美食，深深吸引着来自世界各地的国际学生。

土耳其是博洛尼亚进程和欧洲高等教育区的一部分，其高等教育系统在过去几十年中取得了长足的发展，并提供了高标准的质量。在 2014 年《泰

---

① 撒勒塔史，杨晨 .1935 年以来的土耳其汉学研究［J］.西亚非洲，2014（2）：149-157.

② 译世界 .《穆斯林的葬礼》土耳其语版上市，80 后汉学家吉来分享翻译技巧［EB/OL］.（2021-05-11）［2021-10-28］. http://www.yeeworld.com/article/info/aid/13232.html.

③ 新华社 .土耳其大学希望吸引更多中国学生［EB/OL］.（2016-02-18）［2021-10-28］.http://world.people.com.cn/n1/2016/0218/c1002-28134131.html.

晤士高等教育》发布的金砖国家和新兴经济体高校排名中，有 3 所土耳其大学进入前 10 名。

土耳其政府制定了 2023 年高等教育国际化战略和目标，为此，政府在 2014 年为国际学生奖学金计划拨款 9 600 万美元。每年有近 5 000 名国际学生获得土耳其政府"Türkiye 奖学金"的支持，其中包括学费、每月津贴、住宿、医疗和交通费用。同样，政府设定的国际学生配额已经扩大，以容纳更多的学生人数，大学在招收国际学生方面获得了更大的自由，而私立大学基金会则更积极地在国外招生。土耳其高等教育委员会通过土耳其留学网站，积极地向潜在的国际学生宣传和推广土耳其的大学。并且，与许多其他主要学习目的地相比，土耳其的年度学费和生活费用较低。

除了增加营销和奖学金资金，土耳其政府还支持土耳其与国际大学之间的合作伙伴关系，推动土耳其成为越南等新市场的留学生学习目的地。

根据截至 2018 年联合国教科文组织公布的数据，在土耳其各种战略和正确的决定的实行之下，土耳其以 125 138 名的学生人数，成为世界高等教育体系中国际学生数量排名第十的国家。（见表 9-1）

表 9-1　高等教育学生的全球流动 [①]

单位：人

排名	国家	学生人数	排名	国家	学生人数
1	美国	987 314	6	法国	229 623
2	英国	452 079	7	加拿大	224 548
3	澳大利亚	444 514	8	中国	201 177
4	德国	311 738	9	日本	182 748
5	俄罗斯	262 416	10	土耳其	125 138

尽管土耳其的高等教育部门面临一些挑战，但近年来土耳其已成为国际学生越来越重视的留学目的地，尤其是中东地区和中亚地区的学生。土

---

① UNESCO.Global flow of tertiary-level students［EB/OL］.［2021-10-28］.http://uis.unesco.org/en/uis-student-flow.

耳其政府努力促进国际化、强劲的经济增长、对邻国的低签证门槛以及土耳其重要的地理位置，使其逐渐成为更具吸引力的高等教育目的地。事实上，土耳其的大多数国际学生来自邻国，尤其是那些有着宗教、语言和文化联系的国家。

（三）土耳其的尤努斯·埃姆雷学院

尤努斯·埃姆雷学院是土耳其政府于2007年创建的全球性非营利性组织，旨在向全世界推广土耳其语言、文化、历史和艺术，向国外希望接受土耳其语言、文化和艺术教育的人士提供服务，增进土耳其与其他国家的友谊与文化交流。

尤努斯·埃姆雷学院从2009年开始运营，在国外拥有超过58个文化中心。除了在文化中心提供土耳其语教学，学院还与不同国家的不同教育机构开展土耳其语的教学和文化交流活动。2021年，作为中国和土耳其文化交流协议的一部分，尤努斯·埃姆雷学院北京分部正式成立。

尤努斯·埃姆雷学院隶属于尤努斯·埃姆雷基金会，承担保护安纳托利亚主要文明的重任，该学院致力于将该地区的文化遗产传播到世界各个角落，让世界各地听到土耳其语古老的声音。

尤努斯·埃姆雷学院的目标是在2023年土耳其共和国成立100周年之际开设100个文化中心，进一步在全世界宣传土耳其的文化，并通过以跨文化交流为基础的活动为世界文化遗产做出贡献。该学院致力于与各种组织合作，通过出版物与世界分享成果，从而实现在世界文化之间搭建桥梁的理想。

参考文献

[1] 撒勒塔史，杨晨 . 1935 年以来的土耳其汉学研究 [J]. 西亚非洲，2014（2）：149-157.

[2] 白娴棠 . 神圣与世俗的融合：土耳其与伊朗中小学的宗教教育实施现状 [J]. 世界宗教文化，2016（5）：56-60，158.

[3] 刘易斯 . 现代土耳其的兴起 [M]. 北京：商务印书馆，1982.

[4] 陈德成 . 土耳其繁荣党的伊斯兰民族主义初探 [J]. 西亚非洲，1996（4）：40-47，79-80.

[5] 戴维森 . 从瓦解到新生：土耳其的现代化历程 [M]. 张增健，刘同舜，译 . 上海：学林出版社，1996.

[6] 韩智敏 . 土耳其教育行政体制探析 [J]. 教育教学论坛，2014（49）：127-128.

[7] 韩智敏 . 土耳其公立中小学教师任用制度的历史演进 [J]. 教育教学论坛，2016（5）：15-19.

[8] 侯苗苗 . 土耳其教育现代化研究 [D]. 济南：山东师范大学，2017

[9] 黄维民 . 奥斯曼帝国社会改革的历史考察及评析 [J]. 西北大学学报（哲学社会科学版），1999（4）：80-87.

[10] 黄维民 . 奥斯曼帝国 [M]. 西安：三秦出版社，2000.

[11] 彭树智，黄维民 . 中东国家通史 土耳其卷 [M]. 北京：商务印书馆，2002.

[12] 姜士林，陈玮 . 世界宪法大全：上 [M]. 北京：中国广播电视出版社，1989.

[13] 李广平 . 土耳其教师教育的高等教育化与大学化转型 [J]. 外国教育研究，2009（7）：7-10.

[14] 刘军，王亚克 . 土耳其教育体制与汉语国际教育研究 [J]. 云南师范大学学报（对外汉语教学与研究版），2019（3）：62-71.

[15] 任婷婷，蒋苑昕. 世俗化改革与土耳其宗教教育的发展 [J]. 世界历史，2012（5）：37-47，158.

[16] 若尔容，多家瑜. 土耳其的教育政策 [J]. 国外社会科学，1985（7）：49-50.

[17] 施展. 土耳其的成功可以复制吗 [J]. 读书，2012（11）：80-86.

[18] 孙振玉. 土耳其伊斯兰教育的传统与改革 [J]. 西北民族学院学报（哲学社会科学版），1997（3）：63-69.

[19] 王莉. 奥斯曼帝国后期教育改革的历史考察（1789—1922）[D]. 兰州：西北师范大学，2009.

[20] 吴于廑，齐世荣. 世界史·现代史编·上卷 [M]. 北京：高等教育出版社，2011.

[21] 肖建飞. 伊斯兰四国宗教教育模式的比较分析 [J]. 世界民族，2015（1）：99-109.

[22] 孔达奇，贝登利耶，艾登，等. 数字时代远程开放教育：土耳其篇 [J]. 中国远程教育，2019（10）：52-63，93.

[23] 杨晓斐. 土耳其英语语言教育变革与启示：教育政策、教师教育与教学方法 [J]. 黄河科技大学学报，2015（1）：111-116.

[24] 姚运标. 杜威与土耳其的教育改革 [J]. 安徽师范大学学报（人文社会科学版），2002（4）：465-469.

[25] 郁斐. 土耳其的语文改革及其在现代国家构建中的历史作用 [D]. 上海：上海外国语大学，2018.

[26] 张文桂. 土耳其学前教师教育课程改革评述 [J]. 外国中小学教育，2015（7）：47-52.

[27] 周红. 土耳其学前教育的特色、发展目标及启示 [J]. 外国教育研究，2013（6）：17-23.

[28] KAZAMIAS A M. Education and the quest for modernity in Turkey[M]. Chicago：University of Chicago Press，1966.

[29] AKYÜZ Y. Türk Eğitim Tarihi [M]. Ankara: Ankara Üniversitesi Eğitim Bilimleri Fakültesi, 1989: 267.

[30] AYAS A. The importance of teaching profession and current problems

in teacher training[J]. Inonu university journal of the faculty of education，2009
（3）：1-3.

[31]MAHMUT Ö. Background of problems in vocational education and
training and its road map to solution in Turkey's education vision 2023 [J].Journal
of higher education and science，2019（1）：1-11.

[32]EKİNCİ A，BOZAN S，SAKIZ H. Aday Öğretmen Yetiştirme
Programının Etkililiğine İlişkin Aday ve Danışman Öğretmen Görüşlerinin
Değerlendirilmesi[J]. Ankara Üniversitesi Eğitim Bilimleri Fakültesi Dergisi，
2019（3）：801-836.

[33]BOZKURT G. History of Turkish education [M].Ankara:Turkish
Education Association，1998.

[34]GÜVEN D. Profesyonel Bir Meslek Olarak Türkiye'de Öğretmenlik[J].
Boğaziçi Üniversitesi Eğitim Dergisi，2010（2）：13-21.

[35]KILIÇ D，BASKAN G A，SAGLAM N. Preschool education
in Turkey in the European union process[J].Procedia-social and behavioral
sciences，2010，9：555-559.

[36]EACEA. Türkiye Eğitim Sisteminin Örgütlenmesi ve Yapısı [EB/OL].
（2021-12-07）[2021-10-28].https://eacea.ec.europa.eu/national-polices/
eurydice/content/organisation-education-system-and-its-structure-103_tr.

[37]OECD.Education at a glance 2016：OECD indicators [EB/OL].（2016）
[2021-10-17]. https://www.oecd-ilibrary.org/education/education-at-a-
glance-2016_eag-2016-en.

[38]OECD.Education policy outlook in Turkey [EB/OL].（2020-06）
[2021-7-20].https://www.oecd-ilibrary.org/education/education-policy-
outlook-in-turkey_b7c69f4c-en.

[39]CENGİZ E. Milli Eğitim Bakanlığı Tarafından Uygulanan Aday
Öğretmen Yetiştirme Sürecine İlişkin Yapılan Çalışmaların Analizi[J]. Eskişehir
Osmangazi Üniversitesi Sosyal Bilimler Dergisi, 2019，20：829-849.

[40]ATAV E，SÖNMEZ S.Öğretmen Adaylarının Kamu Personeli Seçme
Sınavı （KPSS）' na İlişkin Görüşleri [J]. Hacettepe Üniversitesi Eğitim Fakültesi

Dergisi, 2013（1）: 1−13.

[41]EURYDICE. Structures of education and training systems in Europe: Turkey. [EB/OL]. （2009−10）[2021−10−12].http://www.edchreturkey−eu. coe.int/Source/Resources/National_Education_System_Training_Turkey_en.pdf.

[42]GENÇ F, TER AVEST I, MIEDEMA S, et al. A conversational analysis of developments in religious education in Europe and in Turkey[J].British journal of religious education, 2012（3）: 281−297.

[43]KOC M. Foundation （Awqaf）Universities in Turkey: past, present and future [C/OL] //For an overview of the genesis of the foundation universities, 2012. https://www.academia.edu/9719097.

[44]ÖZER M, SUNA H E. Future of vocational and technical education in Turkey: solid steps taken after education vision 2023[J]. Eğitim ve Insani Bilimler Dergisi: Teori ve Uygulama, 2019（20）: 166−192.

[45]ÇALIK M, ÜNAL S, COŞTU B, et al. Trends in Turkish science education[J].Essays in education, 2008（1）: 4.

[46]ÖZDEN M. Problems with science and technology education in Turkey[J].Eurasia journal of mathematics, science and technology education, 2007（2）: 157−161.

[47]SOZBILIR M, KUTU H, YASAR M D. Science education research in Turkey: A content analysis of selected features of published papers[M]//Science education research and practice in Europe:retrospective and prospective. [S.l]: Sense Publisher, 2012: 341−374.

[48]BERKES N. The development of secularism in Turkey[M].New York: Routledge, 1999.

[49]RUZGAR N S. Distance education in Turkey[J/OL]. Turkish Online journal of distance education, 2004（2）: 22−32[2021−10−23]. https://dergipark.org.tr/tr/download/article−file/156529.

[50]OECD.Education at a glance 2017: OECD Indicators[EB/OL]. （2017−09−12）[2021−11−15].https://doi.org/10.1787/eag−2017−en.

[51]OECD. Education at a glance 2018: OECD indicators[EB/OL].

（2018−09−11）.[2021−10−17].http://dx.doi.org/10.1787/eag−2018−en.

[52]OECD.Education at a glance 2020: OECD indicators[EB/OL].
（2020−09−08）[2021−10−21].https://doi.org/10.1787/69096873−en.

[53]Turkish Ministry of National Education.Outlook of vocational and
technical education in Turkey [EB/OL].（2018−11）[2021−07−20].https://
unevoc.unesco.org/network/up/TURKEY_MoNE−_Outlook_of_Vocational_
and_Technical_Education_in_Turkey−_Series_of_Education_Analysis_and_
Assessment_Reports_No_1_November_2018.pdf.

[54]ÇINAR Ö H. Compulsory religious education in Turkey[J].Religion and
human rights, 2013（3）: 223−241.

[55]PSACHAROPOULOS G, PATRINOS H A. Returns to investment in
education: a decennial review of the global literature[J]. Education economic,
2018（5）: 445−458.

[56]KAYMAKCAN R.Religious education cuture in modern Turkey [M]//
SOUZA M, ENGEBRETSON K, DURKA G, et al. International handbook
of the religious, moral and spiritual dimensions in education. Dordrecht:
Springer, 2009: 449−460.

[57]AKGÜNDÜZ S N.Tanzimat Dönemi Osmanlı Ceza Hukukunun
Kaynakları[J]. AİBÜ İlahiyat Fakültesi Dergisi, 2016（8）: 1−16.

[58]SAQIB G N. Modernization of Muslim education in Egypt, Pakistan,
and Turkey: a comparative study[M].Lahore: Islamic book service, 1983.

[59]SIMSEK H. The Turkish higher education system in the 1990s[J].
Mediterranean journal of educational studies, 1999（2）: 133−153.

[60]PAK S Y. Articulating the boundary between secularism and Islamism:
The Imam−Hatip schools of Turkey[J]. Anthropology and education quarterly,
2004（3）: 324−344.

[61]CELENK S. Secularization process in the history of Turkish education [J].
Journal of social sciences, 2009（2）: 101−108.

[62]ATAY−TURHAN T, KOC Y, ISIKSAL M, et al. The new Turkish
early childhood teacher education curriculum: a brief outlook［J］. Asia pacific

education review，2009（3）：345−356.

[63]TANSEL A，BODUR F B. Wage inequality and returns to education in Turkey：a quantile regression analysis[J]. Review of development economics，2012（1）：107−121.

[64]Britannica.The Tanzimat reforms（1839−76）[EB/OL].[2021−10−16]. https://www.britannica.com/place/Ottoman−Empire/The−Tanzimat−reforms−1839−76.

[65]TOSUNTAŞ Ş B. Öğretmenlik Mesleği Genel Yeterliklerinin İncelenmesi[J]. Academy journal of educational sciences，2020（1）：53−61.

[66]Politics Today.Turkey's 2023 education vision [EB/OL].（2018−10−25）[2021−10−28] .https://politicstoday.org/turkeys−2023−education−vision/.

[67]University World News.World−class universities key to knowledge economy plan[EB/OL].（2013−07−13）[2021−10−28].https://www.universityworldnews.com/post.php?story=20130711124128937.

[68]SHAW S J . History of the Ottoman empire and modern Turkey [M]. [S.l.]: Cambridge University Press, 1976:12.

[69]MEB. Millî Eğitim Bakanlığı Strateji Geliştirme Başkanliği 2015—2019 Stratejik Planı[EB/OL].（2015）[2022−10−31]. http://sgb.meb.gov.tr/meb_iys_dosyalar/2015_09/10052958_10.09.2015sp17.15imzasz.pdf.

[70]MEB. Millî Eğitim Bakanlığının Kısa Tarihçesi [EB/OL] . [2021−09−02] . https://www.meb.gov.tr/milli−egitim−bakanliginin−kisa−tarihcesi/duyuru/8852.

[71]MEB. Yurt Dışı Temsilciliklerimiz [EB/OL].（2022−07−28）[2022−10−31]. http://abdigm.meb.gov.tr/www/yurt−disi−temsilciliklerimiz/icerik/27.

[72]Türkiye Yükseköğretim Sistemi[EB/OL].[2020−11−29]. https://www.yok.gov.tr/Documents/Yayinlar/Yayinlarimiz/2019/Higher_Education_in_Turkey_2019_tr.pdf.

[73]ÖSYM. 2019 Yükseköğretim Kurumları Sınavı（YKS）Kılavuzu [R/OL]. [2019−9−10]. https://www.osym.gov.tr/TR,15616/2019−yuksekogretim−kurumlari−sinavi−yks−kilavuzu.html.

[74]MEB.Temel Eğitim Genel Müdürlüğü Teşkilat Şeması [EB/OL]. [2020−06−05]. https://tegm.meb.gov.tr/www/teskilat_semasi.php.

[75] İLYAS İ E, COŞKUN İ , TOKLUCU D. Türkiye' de Aday Öğretmen Yetiştirme Modeli İzleme ve Değerlendİrme[EB/OL].[2020−06−05]. https://setav.org/assets/uploads/2017/04/AdayOgretmenler.pdf.

[76]SELÇUK Z. 2020 Yili Bütçe Sunuşu[EB/OL].[2021−08−15]. https://sgb.meb.gov.tr/meb_iys_dosyalar/2019_12/18094404_2020_BUTCE_ SUNUYU_17.12.2019.pdf.